◀ 2002 年到 2010 年期间，王铮在深圳中学担任校长，他也是出国体系的创办人。2010 年，王铮回到他的母校北大附中担任校长，同年 9 月份，他创办了北大附中国际部。

▲ 图为深圳中学出国体系的特色活动之一：深圳中学日报。这张照片中，日报总编郭旗（右）和他的同学郑嘉豪正在审批当天的日报的文稿，准备进行印刷。

▲ 深圳中学出国体系很重视体育课。因为体育课上杨粤祺同学正在练习瑜伽。

◀ 除了深中日报之外，出国体系的另一个有特色的学生活动是咖啡屋。咖啡屋的所有涉及装修、管理和经营都由学生完成。

◀深圳中学出国体系在2009年9月也创办了一个初一实验班。图为李婉莹同学在课后与她的同学一起玩橄榄球。

▶图为2006年深圳中学出国体系初一学生林伟麟和同学一起练习武术。

◀深圳中学出国体系和北大附中国际部的英文课和类似，都是模仿美国大学的讨论模式，重视英文阅读和小班讨论。图为江学勤老师给北大附中国际部的第一批学生上英文讨论课。

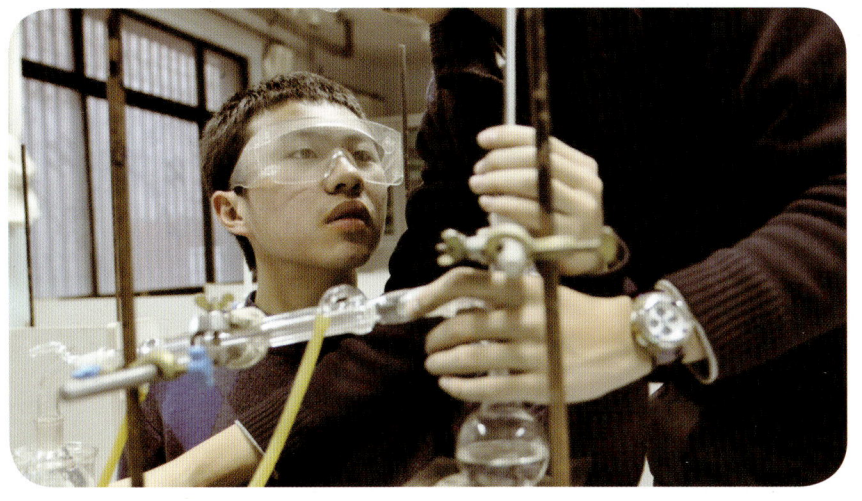

◀北大附中国际部非常重视实验。图为国际部第一届学生庞一昕正在上化学实验课。

▶图为北大附中国际部学生创建的乐队在学校的舞台上排练。

▲北大附中国际部希望培养学生的国际公民意识,所以非常重视国际交流项目。在两年内组织学生去过美国、非洲和以色列。2012年2月,国际部组织学生前往非洲博茨瓦纳做义工。图为国际部第一届的学生刘一凝在博茨瓦纳幼儿园支教。

▲图为2012年2月国际部学生李铭洋和杨欣怡在非洲的孤儿院做义工。

◀图为国际部学生何润昕与她的非洲朋友合影。

▲2012年6月,国际部全体师生前往阳朔进行户外活动与支教项目。虽然河润昕正在高达28米的岩壁上攀爬,但她却依旧镇定。

▲学生董天天在阳朔当地的一所小学里辅导一年级的小朋友。

▲国际部学生曹驰正在帮助当地的学生学习中文。

▲王聪同学正在给一年级的小朋友们上课。他说永远都不会忘记孩子们单纯的眼神和天真的笑脸。

摄影:Brian Keeley

江学勤 ◎ 著

图书在版编目（CIP）数据

创新中国教育／（加拿大）江学勤　著.
—北京：中央编译出版社，2014.5
ISBN 978-7-5117-2072-6

Ⅰ.创… Ⅱ.①江… Ⅲ.①教育改革—研究—中国 Ⅳ.①G521

中国版本图书馆 CIP 数据核字（2014）第 039509 号

---

**创新中国教育**

| | |
|---|---|
| 出 版 人 | 刘明清 |
| 出版统筹 | 董　巍 |
| 责任编辑 | 邓永标 |
| 责任印制 | 尹　珺 |
| 出版发行 | 中央编译出版社 |
| 地　　址 | 北京市西城区车公庄大街乙 5 号鸿儒大厦 B 座（100044） |
| 电　　话 | （010）52612345（总编室）　（010）52612371（编辑室） |
| | （010）52612316（发行部）　（010）52612615（网络销售） |
| | （010）52612346（馆配部）　（010）66509618（读者服务部） |
| 传　　真 | 01066515838 |
| 经　　销 | 全国新华书店 |
| 印　　刷 | 北京中印联印务有限公司 |
| 开　　本 | 710 毫米×1000 毫米　1/16 |
| 字　　数 | 198 千字 |
| 印　　张 | 13 |
| 版　　次 | 2014 年 5 月第 1 版第 1 次印刷 |
| 定　　价 | 39.00 元 |
| 网　　址 | www.cctphome.com　　邮　箱：cctp@cctphome.com |
| 新浪微博 | @中央编译出版社　　微　信：中央编译出版社（ID：cctphome） |

本社常年法律顾问：北京市吴栾赵阎律师事务所律师　闫军　梁勤
凡有印装质量问题，本社负责调换。电话：010-66509618

为什么每年有很多中国学生远赴海外去读高中和大学本科？为什么许多提供西方课程的国际私立学校出现在中国的大中城市？主要原因之一是中国的学校擅长给学生灌输知识，将学生培养成为听话的好孩子。但如果中国要成为更加富强的国家，就必须切实培养学生善于提问和独立思考的能力！

　　（摘自《耶鲁没教给我的三件事》一文，原载2012年12月29日《纽约时报》中文网，作者江学勤）

中国经历了 30 年的改革开放之后，变成了现在的世界第二大经济强国。这是不可否定的成就。但是，成就的背后却是以牺牲巨大的资源和环境为代价。中国的劳动生产力很低，仅为美国的十二分之一、日本的十一分之一。中国人口红利，已经濒临消失。原因是什么？我觉得是因为中国教育太落后了。高考作为选拔人才的模式十分的僵化。正如中国所说的，创新型人才是根本。美国巴德学院的教授和乐队总指挥里昂先生在一篇文章中写道"教育的实质是要改变人们的餐桌上的谈话，课后的娱乐方式。他们虽然在课堂上很勤奋，但是娱乐方式非常粗俗。"我十分认同里昂教授的观点，因为同样的问题也存在于中国。我非常希望探索和尝试改变中国的教育模式。

通过我自己的转变，我深刻体会到被人们认为很枯燥的教育也可以做得非常丰富，鲜活而生动，不再是死板的题海战术和单一的衡量标准。

（摘自北大附中国际部高二学生何润昕写给本书作者江学勤的来信）

# 目　录

写在前面的话 /001

序言 /009

第一章　耶鲁之路 /013

第二章　从北京开始 /029

第三章　新的旅程——深圳 /044

第四章　筑梦 /059

第五章　回到起点 /075

第六章　重拾信念 /094

第七章　教育新实践 /108

第八章　体验创新——以色列之行 /124

第九章　中国创新阶层的未来 /143

附录：学生来信摘编 /171

# 写在前面的话

2008年8月我刚满32岁。32岁,对大多数的男人而言,正是他们在生活中放缓脚步,感受生活带来的甜蜜与稳定的时候:他们已经完成了学业,事业也如日中天,他们与心爱的女人结了婚,迎来了人生第一个孩子。但我的32岁,却仍孑然一身,漂浮不定。自从1999年从耶鲁大学毕业以后,我在中国曾经当过记者和纪录片制作人,也曾在阿富汗当过联合国官员。这些都是我擅长的理想的工作,但是它们在我心中并没有显得弥足珍贵,它们也无法再激发我的想象力,因为从事这些工作我看不到自己的未来,所以我跟它们一一道别了。

在32岁来临之时,我不确定自己想要做什么。但我却坚定地想为这个世界带来些许不同,为我身边的人创造更美好的生活。这，曾经是我从耶鲁毕业时怀揣的梦想，但在十年后我才发现也许自己才是那个真正需要帮助的人。我和我的父母一起住在多伦多；我每天会骑着自行车环绕整座城市；也每天阅读，坚持健身。对于这样的生活我很是满足，看上去也似乎没有任何值得我抱怨的理由。可在我内心深处却感受到了矛盾与迷茫。我的心中似乎有着一个缺口，而它每天都在不断地扩张着。

就在这时候，一封来自中国的、将会立刻为我的人生带来惊喜与转折的邮件闯入了我的世界。它来自我的老朋友王铮，当时深圳中学的校长。1998年我在耶鲁大学求学期间曾请了一个学期的假到北大附中任教，那是我们的第一次正式见面。那时候，年轻的王铮是一位满怀理想主义的副校长，而我——一位年轻的老师，和王铮副校长一样也是典型的理想主义者。所以我们自然而然地就成为了好朋友，并时常讨论要如何携手合作改革中国的教育。可当时北京学校里陈旧的教育系统几近无坚不摧，注定了我们的理想也只能纸上谈兵。早在1998年，学校都只为考试而教学，面对着如此残酷的事实，要培养学生的批判性和创造性思维只能是空谈，我和王铮都无能为力。后来，王铮选择到了中国的南方——深圳去尝试实施他的教育改革，而我则当了几年的记者。

虽然我们失去了联系，但我时常会想起王铮；想要到中国进行教育改革的愿望纵然已经被埋葬在我的内心深处，但它生命力顽强且精力旺盛。这就是为什么当我收到了王铮的邮件，得知终于有机会可以让我们一起合作对中国的教育进行改革的消息后，我毅然买了一张单程机票飞往深圳去拜访他。

王铮是对的。2008年中国的教育现状与1998年时的情况大有不同。2008年，逐渐开放与繁荣的中国，开始追求国际化与现代化，尤其是在教育系统方面，因为这将会是决定中国未来的最重要要素。这意味着在中国会出现这样一个全新的局面：中产阶级的家庭将会选择把孩子送到美国读大学，甚至读高中。2008年，深圳中学的

800多名毕业生里有10%的学生申请了美国大学，这是一个出现在多数中国顶尖高中里的一个真实百分比。在这场逐渐掀起热浪的出国潮中，我和王铮都看到了一个全新的机遇——建立新的课程体系，以此作为中国教育改革的试验田，更好地促进学生的发展。

在申请美国大学的过程中，很多中国学生都只看重托福（检定非英语为母语者的英语能力考试）和SAT（学术能力评估测试）的考试。他们愿意利用三年宝贵的高中时光疯狂地背单词并参加新东方的培训课。

培养学生进入优秀的美国大学，固然是我和王铮共同的愿望。但它却并不是我们真正想要的——我们希望培养具有全球意识、能关注社会，并善于思考与领导的学生，在不久的将来他们更能致力于为中国和世界更好地发展而贡献力量——我们希望培养中国创意阶层的先锋。而正因为没有太多人会与我们所想的一样，所以我们更加义不容辞地想要告知世人，要在中国的学校里进行改革是有可能的。王铮和我在接下来的四年间携手合作，在中国建立起了两个创新的出国留学项目。2008年9月至2010年7月，我们在深圳中学为学生建立了出国体系，一个旨在培养深圳中学的学生成为创新合作的人才，帮助他们在美国大学以及未来在全球领域里能获得成功。我们的学生创办并管理了中国高中里的第一份日报、第一家咖啡屋，以及一个英文杂志社。2012年他们纷纷拿到了耶鲁大学、沃顿商学院、康奈尔大学、布朗大学、西北大学、范德堡大学，以及埃默里大学等名牌大学的录取通知书。自那时开始就有一些学生开始给王铮和我写信，告诉我们出国体系是如何改变了他们的人生——尤其是出国体系给予了他们自信，鼓励他们勇敢追逐自己的梦想，大胆拥抱、适应全新的环境，并始终带着自信与活力不断地挑战自我。

2010年王铮被邀请回他的母校——北京大学附属中学任校长。从2010年7月到2012年7月，我们再一次合作创立了国际部，致力于培养学生拥有全球及社会意识——这个使命，我们也同样达成了。

北大附中国际部作为中国第一所高中将学生们送到非洲（博茨瓦纳）以及中东（以色列）开展交流活动；2012年6月，我们一同飞往了广西阳朔，用一周的时间在当地教贫困农村的小孩读书。2013年9月，我们第一届的学生也将抵达美国大学的校园，我和王铮对他们在那里即将发生的故事充满了期待。

《创新中国教育》这本书见证了我和王铮为什么、以及如何在深圳中学建立了出国体系，在北大附中建立了国际部。我写这本书是想让中国的家长、老师、学生以及更多对中国教育感兴趣的人们明白，在今天的中国为什么改革如此重要，以及它是如何一步步成为现实的。书中记下了我们的成功与成就，但更多的是它很真实地坦言了我们的失败、挫折与挑战——直至目前为止，我们遇到的失败远比成功多，而这是任何一场改革的征途中所必经的过程。

纵然你和王铮都非常明确我们的改革目标，也成为了改革路上的开拓者，但我们依然不知道要如何实现这一目标，甚至不知道改革是否可行。我们只是感觉此时必须要有人站出来挑战中国教育的现状。这就意味着我们将会在这个过程中犯下许多错误，也会经历许多痛苦。为了向加入这场改革的所有学生、家长和老师保证公平，我们决定从第一天开始就对所有人诚实、透明、公正地公开我们所犯的错误和遇到的挑战。为了实现这个诺言，我们开会，也在每周给家长们写一封信，并与许多同学在晚餐上一起开诚布公地讨论。刚开始，这种赤裸裸的坦诚着实让许多人感到不适，很多学生要么选择不参与，要么直接在中途转学离开。信任我们的学生会在进入了美国大学以后，在回忆起与我们共同走过的那段岁月时，发现自己在国际部学到最有价值的就是拥有改变的勇气与自信，并勇于坦诚失败、战胜失败。

尽管我们的学生们也学到了许多，但我自己才是这里面收获最大、成长最快的。这本书里有很大一部分详细地在阐述了我的个人与职业发展历程——因为在我和王铮一起为中国教育改革而奋斗的四年里，我所经历的这场对自身的教育是我认为最好的教育。

我在加拿大多伦多一个贫穷的移民家庭里长大，我的父亲在饭店里做着薪资微薄的工作，而我母亲则靠为人缝补衣服赚取更少的收入补贴家用。我的头发是父亲帮我剪的；我穿的衣服是堂兄们留下的；放学以后，当我加拿大的同学们都在玩曲棍球、弹钢琴或是和家人一起滑雪的时候，我就坐在电视机前看卡通片。直到9年级以前我在学校里的表现都很差，我并不在乎自己的表现，我也从没想过要去读大学。我的同学和老师们认为我的未来也就如此了——终日浑浑噩噩地过着日子，或许会比父亲做得好一点——因为社会经济局总会帮助我们。

然而9年级的时候，我遇到了一位只教了我们一周的代课老师。在一个周五的下午，她把我带到一边，用她低沉而温柔的声音对我说出了让我无法置信的话："你很聪明，也很有潜力，只要你投入去做，你能把事情做到最好。"于是在不久后，我就决定了要去常春藤盟校。三年以后的我如重生般脱胎换骨——我被耶鲁以全额奖学金录取了。在耶鲁毕业后我一心想回到中国，告诉中国的学生们那位代课老师曾对我说过的话。

但是当2008年王铮无条件地给予我支持与机会，让我得以开展自己的教育改革计划时，我却忘记了那位老师所说的话。刚开始，我认为自己对教育的意义清晰明了：它意味着让深圳中学的学生通过阅读提高SAT的成绩；它意味着为让学生们的简历豪华厚实所以得鼓励他们成为学生领袖；它意味着让学生们进入哈佛、耶鲁以及普林斯顿大学，好让我能证明自己一直都是正确的。可当我开始一步步实现自己的教育理念时我才逐渐意识到，一味地追求结果与真正教育学生是相互冲突的。我也意识到，当我过于强调自己的利益——自我则轻而易举地把我蒙蔽了——最后我竟在无形中伤害了自己学生的利益。只有通过学会放下自我，并记起我的那位代课老师曾经说过的话——每个学生都具有潜力——我才能真正地帮助中国进行教育改革。

这本书，无关其他，就仅是我个人在自我的旅程中发掘到的关于教育的真正意义。

* * *

从第一天开始，假如没有一群愿意无私奉献的优秀的学生与伙伴，王铮校长和我就不可能建立起这样的项目。没有这群人，这本书也不可能出版。

深圳中学的学生周业然、金小异帮助我们聘请了为出国体系教授英文研讨课的外教，帮助我们装修教室、培训出国体系的学生创办第一份深圳中学日报、管理一间咖啡屋、办好一本英文杂志。如今，他们都是大三的学生了。周业然在卫斯廉大学（在大三转学前他就读于伊利诺伊大学），金小异在汕头大学。而郑柏恒是我们出国体系第一届的一名学生，他自第一天开始就满怀信心与热忱地接受了我们所有的活动与课程。今年郑柏恒刚刚开始了他在西北大学的大一新生生活。无论过去或是现在，这三位在学业上表现极为出色的学生为深中、为出国体系、为我都提供了莫大的帮助，我无法用言语表达对他们的感激之情！此次，他们更是参与了《创新中国教育》这本书的翻译工作。周业然负责了本书第一章、第七章和第八章的翻译，金小异翻译了第五章和第六章，而郑柏恒则负责第三章和第四章的翻译。

当我和王铮建立起出国体系之后，我们需要聘请行政管理人员负责日常的管理工作。在第一轮招聘中我们就找到了陈诺斯和李红，两位很有能力而且工作认真的女士，她们和我们一样对中国的教育改革满怀激情。能遇上这样两位志同道合的伙伴是我和王铮的幸运，而更幸运的是她们甚至跟随我们一同到了北京。如果没有她们的经验与专业，没有她们的敬业与奉献，我们不可能在短短一个月内建立起国际部——这确实就是我们所做的事情。在我的人生中，是如此幸运能拥有陈诺斯和李红这样的战友与挚友。没有她们，这本书也只能是一沓稿纸。陈诺斯现在正在深圳一个出国留学体系里上班，那是一份全职的工作，但她依然利用空闲的时间帮我翻译了书的前言、第二章和第九章的内容，并参与了整份文稿的编辑。李红则担当了我的代理人，为出版这本书寻找出版社，并全程监督整本书的进度。

最后，我想要感谢王铮校长，我谨以此书献给他。他在我绝望的时候给我机会，让我得以追逐自己的梦想；他教会我如何成为一名真正的教育改革者；无论何时何地，他对我都如此信任，耐心且勇敢地给予我自由和空间，让我不断学习、摸索对学生最正确、最好的教育！能与中国教育改革中最伟大的奉献者共事四年，我深感荣幸与自豪！我期待着某天我们能再一起携手合作。而在那之前，我希望《创新中国教育》能为我们妥善保存好这过去四年间我们一同取得的成就。

作 者

（2014年3月于加拿大）

# 序言

当今世界正发生着翻天覆地的变化，随之而来的全球化与现代化无论对个人还是社会都是前所未有的挑战。在工作与日常生活中，日趋多元化及相互关联的人群，飞速发展的科学技术，及大量即时有效的信息，都仅仅只是这些新需求中的少数代表。在这个全新的时代，改变人们生活及推动经济发展的是人的技能与创新能力。如果失去这一切，我们只能游离在社会的边缘，毫无活力地得过且过，科技的进步与发展也无法转化为经济的增长，而国家也会在当今愈发依靠文化为基础的全球化竞争中渐渐落伍。

其实这样的影响并不仅仅局限在经济范畴。如今，技术与创新是人们生活的主要动力，也是作为积极上进、兼具社会责任心的公民为多元世界作出贡献，欣赏并构建不同的价值观，信仰和文化的主要动力。在如此一个迅猛发展的多元化世界里，或许我们对事情的发展不再胸有成竹，或许外界新奇的事物常让我们感到震惊诧异，或许我们发现自己需要多向杰出的群体学习，又或许我们甚至会在前进途中犯下错误。这些原被定义为错误与失败的过程，若我们能用正确的心态解读，又何尝不是在激发我们学习新的知识与技术，促进自身不断的创新与进步呢？由此可见，无论是个人、群体组织，还是体系架构，要想在突发事件来袭时仍能屹立不倒，甚至还能促使自身的进步与发展，必须捍卫技术与创新能力的地位，重视它们所发挥的功能与作用。而从总体层面而言，它们也为经济与社会的变革带来了必要的适应性、智力支持和积极的响应。

中国，如果我们仅从数量层面讨论，那么比起其他国家，它确实是在为更多的人们提供越来越出众的学历背景。但在这个全新的世界里，培养出大量同质的教育产出已经不足以应对未来的挑战了。若是在三十年前，老师所传授的知识会为学生们终身所用。而今的学校，需要的是为了比以往更快速增长的经济与社会变革，为了尚未涉及的工作领域，为了尚未发明的全新技术，以及未知的社会问题而培养人才。

可我们又该如何去培养能积极面对未知挑战的求知者呢？教育者的困境是固定模式的认知能力，它是最易于施教和最易于测试的技能，也是最易于数字化、自动化和外包的技能。毋庸置疑，每个学科中已经建立和完善的知识与技能永远是最重要的，因为这是富有创新或创意的人们的知识基础，他们通常拥有在某一知识或实践领域擅长的专业技能。而与之同等重要的是"学会学习"，人们在学习既有知识的过程中学习新的知识。而今，教育的成功不再是简单的学科内容复制，而是如何能根据自身所掌握的知识将其应用在全新的现实环境中。简单来说，这个世界不会再因为你知道什么而给出奖励——谷歌和微博已经知道了所有的事情——它看重的是你能否学以致用。这就是当今世界的要求，因此，当今教育需要更多的是思维方式，这包括创意、批判性思维、问题解决和决策能力；它也需要更多的讲求工作方式，包括交流与合作；讲求更多的工作技巧：鉴别能力与开发新技术潜能；最后同样重要的是情商与社交能力，它们可以为人们带来更和谐的生活，更融洽的工作。

一直以来，人们解决问题最传统的方法就是将难题分解为各个易于掌握的信息和片段，老师会将解决这些信息的技巧传授给学生。然而在今天，我们正是通过合成不同的信息或片段创造出了价值。这当中少不了好奇心，开放性思维，以及创建原本看似毫无相关的想法之间的关系网，也少不了人们开放、包容、熟悉地接纳并掌握未知领域的知识。人们如果终其一生都只投入在一个学科或领域中，那么我们将与富有想象力的技能失之交臂，从而也将失去了拥有不断研发创新的机会。

世界不再如从前一般刻意区分出专家和通才了。专家一般有很深的技能，但研究范围相对狭窄，被专业同行公认的价值又仅局限在该专业范畴内。而通才的视野虽开阔，涉及的知识领域宽广，但专业技能却相较薄弱。因此，当下越来越备受推崇的是能够在逐步发展的环境下应用深度的技能，建立发展新的关系，并不断适应新角色的人才。他们不仅拥有不断更新、调整的能力，而且还能持续地学习和成长，能在这个瞬息万变的世界里不断刷新自我定位。

同样不容忽视的一点是，当可搜索和获取的知识越多，那么拥有获取信息内容之外的能力，及人们主动提出质疑以完善既有知识架构的能力就越显得重要。过去，当学生们需要某种信息时，你可以让他们在百科全书中搜寻答案，可以毫无保留地告诉他们找到的一定是正确的信息。而今天，人们对知识却有了全新的定义：知识是如何对自四面八方而来的信息运筹帷幄，是在互联网上通过超文本找到建立属于自己心理表征的信息，是处理、分析并解决网络上的模糊信息的方法。以前，文化教育主要是教会学生学会阅读，这是每个人只需建立一次便可终身受用的知识系统，也可称之为技能。

但现在，文化教育关注的是为了不断学习而阅读，是拥有辨别、理解、分析、创造以及沟通知识的技能与积极性，是能将理论知识与不断变化着的现实环境相结合的能力。

在当今的校园里，人们最常见到的是这样的画面：学生各自独立学习，老师则会在学期结束之际，为他们各自取得的成就给予鉴赏与肯定。但随着世界发展愈发紧密依存，我们对擅长合作与协调的人才的渴求也愈发强烈。纵观当下，我们不难发现创新不大可能是个人孤军奋战的结果，而是人们共同组织、分享及整合知识的成就。在这个信息化时代，今日我们所专有的知识都将在明日成为全世界共享的商品，因为技术的发展已经允许我们能将自身无穷的想象力通过前所未有的方式呈现出来。通过线性垂直控制或指挥所产生的价值也越来越少，相反，基于同一层面的横向协作才能持续产生价值。成功往往属于那些能适应，并精通全新合作方式的人士。换句话说，我们可以看到世界正在从曾经因为故步自封而使知识迅速贬值的状态，逐渐转变到一个充满开放与包容，并不断提升交流与合作能力的状态。

安德里亚斯·施莱歇尔教授（Andreas Schleicher）

（2014年2月于巴黎）

# 第一章　耶鲁之路

　　1976年，我出生在广东省台山市。正是我的出生使得父亲放弃了成为家中第一个大学毕业生的梦想，离开了中国。"文化大革命"期间，我父亲在家乡的一所小学里教数学和生物。每到晚上，他都借着烛光偷偷地读着那已经被翻破了的书，期盼着有一天高考制度能得以恢复，让自己有机会成为家中的第一个知识分子。毛主席去世后，我父亲成为了第一批参加高考的考生，并且考上了广州的一所师范大学。如果这一切发生在1966年他高中毕业那会儿，我父亲或许会写下欣幸而自豪的信，寄给身在中国香港、新加坡、加拿大与美国的亲戚们。

　　可在1978年，父亲已有了一个两岁大的儿子，马上他的第二个儿子也快要出生了。他写信给亲戚们说，除了退学和移民多伦多以外，他别无选择。父亲心中无疑是想要光耀门楣的，可在刚刚经历的十年时间里，

他看到的是国家焚书废学、知识分子被批斗入牢。中国是否还会重复那段恐怖而动荡的岁月,父亲无从得知。他马上就要成为两个儿子的父亲了——这个险,他冒不起。

几百年来,年轻的台山人为孩子牺牲了自由、未来、甚至生命。19世纪北美修建大铁路时,台山人就被雇去埋炸药、做引爆,从分隔东西部的山脉中炸出了一条口子。这些年轻的台山人冒着生命危险去建设一片异国远土。可尽管付出了种种牺牲,他们却仍遭到了轻蔑的对待。他们中有不少人都被驱逐出境。那些没被立刻遣返的,则在华人贫民区的餐馆和洗衣店里工作,工薪微薄与奴隶无异。那些面对劳役之苦、贫困之耻与歧视之恶,却依然留下拼搏的台山人,终于看见子女们——成为律师、医生、教授以及公司总裁。

当我父亲在1980年抵达加拿大多伦多时,中国人已不再因种族而受到剥削与歧视了。可作为一个既不懂英语又没大学文凭的新移民,他在接下来的三十年中只好做洗碗工,始终只挣得最微薄的工资。像他的先辈们一样,我父亲在移民后做着最卑微的工作,心中唯一期盼的就是有一天他的两个儿子能过上比自己更好的生活。

1983年,那年我六岁,父亲终于安排我们去了加拿大。对于在台山的生活,我仅有的记忆模糊而零碎。我记得自己在清晨半梦半醒间穿过一片片金色的稻田,跨过一座座绿色的山坡走去学校。我记得上学是件痛苦的事:我没学会写字、算数,却学会了在老师说"睡觉"时,若不将双手交叉放在桌上、把头埋进手臂里,老师就会过来冲你大吼大叫,拿棒子打你的头,我一天要被打上好几次。我记得在放学回家后,我会小跑着借力爬上我家后院的一棵龙眼树。

可对于我、母亲以及两岁大的弟弟离开台山去多伦多的那一天,我是记得很清楚的。那时的我并不明白,离开便意味着永远地告别台山的稻田与山坡。我记得在半睡半醒间,邻居与亲戚们将我们的大包小包装上一辆卡车,然后我们也爬了上去。卡车载着我们去渡轮,渡轮带我们到了香港,在香港我们登上了一班飞机,飞往多伦多。

初到多伦多的那些日子里,我感到一切既新奇又陌生。我的新同学们同样也对我感到既新奇又陌生。然而,很快我就发现在孩子们眼里,"新奇"与"陌生"实际意味着"恶心"与"怪异"。在多伦多那个寒冷的冬天,我带着许多劣势走进了那间一年级的教室。首先,那儿的孩子都在附近长大,他们早已形成了自己的朋友圈子——我来得太迟了。其次,我完全不会说英文。那时我家里讲粤语,并且只讲粤语。于是,自抵达多伦多的那一刻起,我便是个局外人。我缺乏成为局内人所必需的语言技能,可同时家人的庇护也使我缺乏要成为局内人的动力。

这就是为什么在我的回忆中,童年是段痛苦而艰难的经历。在学校,我是班上三个濒临挂科的学生之一。另外两人,一个是班上的丑角,自认为挂科很酷;一个总是在傻笑,看上去似乎有些智障。在我们班去附近公园出游的时候,或是在老师叫我们找同学合作完成课业的时候,没人愿意做我的伙伴。在体育课分队时,我总是最后一个才被挑到。在课间和午间,孩子们都会玩捉人游戏,而我则只是倚着墙坐着看他们玩。组织游戏的是个高大的金发女孩。有一次,我问她我能不能加入,她说不行。那个总在傻笑,似乎有些智障小孩可以参与游戏,而我却不能——那我究竟算什么呢?

三十年后,当我在深圳中学与北大附中建立出国项目时,学生们告诉我"美国大学生不喜欢跟中国人玩",他们也举了些例子,并问我这是不是因为美国人有种族歧视。我断然地告诉他们,答案是否定的——问题的根源其实在于,美国大学生也只是孩子而已。

加拿大与美国的孩子们并不是种族主义者——他们和许多不同

第一章 耶鲁之路

种族的孩子们一起长大，一起上学。问题在于，孩子们天生就对新奇而陌生的事物感到敌意与恐惧。我是学校里最穷的孩子。我的头发是父亲剪的，我的衣服是堂哥穿剩的。没人能正确读出我的名字，于是大家都管我叫"say-chin"——孩子们经常拿这个名字嘲笑我。我最糟糕的是个人卫生问题，因为"卫生"这个概念在台山那个贫穷的地方根本不存在。我从不刷牙，而且总有口臭——这在西方可算是最严重的社会禁忌之一了。我整周都穿同样的衣服，包括内裤。我从不梳头，从不洗脸。孩子们不愿与我玩的原因，和他们拒绝尝试皮蛋这个古怪食物的原因是一样的。美国人戏称不通世道的新移民"刚下船"，而我则是这个习语的典型代表。

上学对我而言如此困难，导致我很快就开始调皮捣乱。记得二年级的时候，老师把留给我们的作业放在五颜六色的小筐里。作业很简单，通常要么是给图片上色，要么是连数字画画。每天下午三点放学前，我们要排好队，每人从红色、黄色与蓝色的小筐里各拿一张作业。有一天，我无缘无故地从每个筐里拿了五张作业，把它们藏在我的红色毛衣里。渐渐地，我开始拿十张，然后是二十张。我不知道自己为什么要偷作业——我根本没时间把藏在衣橱里的那几百张图全都填上颜色。但偷作业感觉就像是一种成就，而我终于也为自己有了专属的成就而感到十分自豪。很快，我就一个人把所有作业都拿了。我紧张地站在队伍里，肚子凸得鼓鼓的。没过多久，同学们便开始抱怨他们拿不到作业纸了。于是，老师就立刻认为是班上那个丑角的错。

"你老是骂我不做作业，"丑角手舞足蹈，面红耳赤地说。"我干嘛要偷别人的作业呢？"

"为了不让别人做作业啊，"老师说。在她眼中，有的孩子就是坏，所以有些事总是他们的错。自那以后，我再也不偷作业了。我告诉自己，要是有一天我当了老师，一定不能像我的二年级老师那样。

五年级的时候，老师组织了一场阅读比赛。我们每人都要记下来自己读了多少页的书。老师每周会贴出一张大海报，宣布谁是第一名。第一周过后，我发现自己拿了第一。我从没赢过任何比赛，于是决心这回一定要赢。其实，我想不赢都难。这场比赛比的不是你有多享受阅读。那样的话我必输无疑，因为我大多时间都待在家里看电视卡通片。这场比赛比的也不是你的理解能力有多强，词汇量有多大。那时我英语成绩依然很差——虽然我是五年级的学生，但看的却是相当于一二年级难度的书。这场比赛比的更不是你的阅读范围有多广，阅读内容有多难。我读的都是些字很大的、讲动物的图画书——我会在图书馆里四处找最简单的、页数最多的书来看。所以，我赢了——而且赢得遥遥领先，因为除了我以外几乎没人参赛。由于我是班上唯一参与阅读比赛的人，老师在学年末奖励了我一盒粉笔。

一盒白粉笔根本算不上什么奖品。粉笔要有黑板才能用，而黑板是没包括在奖品里的。所以，我那所谓的"奖品"没有任何价值。我没法把它卖给别人，也不能对儿孙夸耀说自己小学时曾赢了一盒白粉笔——它们甚至连彩色粉笔都不是，仅是无趣的白色而已。我之所以得到了一盒白粉笔，大概是因为老师有太多盒了，想要清理一下桌面。在阅读比赛拿了第一名，我究竟收获了什么？我没有爱上读书，也没有提高英语水平，更没有挑战自己的思维——我所做的唯一一件事，就是数自己读了多少页书，然后把这些数字都加起来。当我有一天成为老师后会发现，任何竞赛奖励的都是成绩，而非付出，因而它只会让学生变得功利自私，甚至会使他们做出违反道德的事情。五年级的那场阅读比赛对我也有着同样的影响。但由

第一章 耶鲁之路

于是头一回获胜,我为自己感到甚是骄傲。比赛一结束,我就立刻回到了终日看《变形金刚》与《特种敢死队》这些电视卡通片的生活。

不论是在加拿大还是在中国,人们都有这样一个成见:所有中国人都相信教育能改变人生,所有中国家长都愿意付出一切,以确保孩子能获得最好的教育。可事实却远非如此:在任何一个社会——加拿大也好,中国也罢——主要是受过教育的中产阶级才对教育如此信任。较之其他群体而言,穷人大都太听天由命了,没那么容易相信教育的力量。拿我父母来说吧,与我能否上大学这个问题比起来,他们更关心我能否找到一份临时工,帮家里挣点钱。有一天,父亲告诉我他每天刷盘子劳累不堪,只要我哪天能坐在办公室里不用刷盘子,他就算是了却了一桩心愿。他对我说:一定得听白人的话,千万别强出头,因为要想爬得高、混得好,必须慢慢地、悄悄地、乖乖地来才行。

我家附近的孩子们大都来自下层中产阶级家庭。他们忙于加入棒球校队,急于早些"失身",对学业却是漠不关心。在择校方面,朋友上哪所学校,我们就上哪所——对我来说,那正好就是离家最近的一所。我们学校的老师之所以从事教育,是因为这份工作有寒、暑两大假期,退休金看上去也不错。如果说学生们无心学习的话,那么老师们也大都同样无心教书。在加拿大多伦多,我的世界里没人相信教育能改变人生——学校就像是监狱,你得在里头蹲完刑期。

在高中,我最痛恨的科目就是英文。我的英语依然糟糕得很,在词汇量与阅读理解两方面都远远落后于其他同学。可到了九年级,学校要求我们必须读莎士比亚。我连阅读简单的英语都成问题,更别提《罗密欧与朱丽叶》了。那本书对我来说简直是场折磨——它仿佛一个恃强凌弱的同学对我百般嘲弄。读完了莎翁,我们还要读所谓的"加拿大文学"——那尽是些女作家写的又长又臭的书，讲女性生理期有多痛苦、多尴尬。每次我拿起课上布置的书、诗或是短篇故事，都集中不了注意力。我知道每个词是什么意思，却没法将词与词串联起来。我看不到文字所应呈现的画面与情感，只见一团毫无规律的单词在我四周飘来窜去。

九年级快要结束的时候，班上来了一名代课老师教我们一周的英文课。如今我已想不起她的名字了。无论作何努力，我也记不起她的模样。在我心中，她就像任何一个九年级英文代课老师一样，有着一头褐色的卷发，戴着大大的棕框眼镜。我想象她身材娇小，穿黑色裙子，语速缓慢，嗓音低沉。

她并没有什么异乎寻常的地方。可与学校里的其他老师不同，她完全不知道我是谁。她不知道我是个腼腼腆腆、得过且过的学生——我一向害怕发言，在全班面前讲话对我来说比死还可怕。她不知道我痛恨上学——我在学校没有任何朋友，对未来也没有任何打算。她对我一无所知，同时大概也太年轻，太天真，太缺乏经验了；她没有注意到我一个人坐在后排——弓着腰，驼着背，胳膊和腿斜指着墙——我的肢体语言明显在告诉大家，我是个腼腆的孩子，我对身边的世界漠不关心。然而，正因为我知道她对我没有任何了解或评判，我立刻对她心生好感。我能感觉到自己的背挺直了些，双膝也指向了她的方向。

她教课的那周我们在学希腊神话。终于，我读上了自己感兴趣的故事。我清楚地记得在故事里，伊卡洛斯飞得离太阳太近，于是翅膀融化了；神成全了迈达斯王点石成金的心愿，于是后者丧失了一切幸福与财富。那个星期，当我在课上举起手时，不再是因为自己想上厕所了。

在一周的末尾，那名代课老师做了件只有天真幼稚、缺乏经验

第一章 耶鲁之路

的老师才会做的事:她把我拉到一边,问了些问题。我以后想学什么?想上哪所大学?对人生有什么规划?对这些问题,我只摇了摇头,耸了耸肩。

"难道从没有老师告诉过你,你其实很聪明,很有才华,而且充满潜能吗?"她问道。

我又摇了摇头,耸了耸肩。

"你真的就是这样的,"她告诉我说,"你应该挑战自己,应该有高远的目标,这样才不会辜负了自己。"

听完这番话,我困惑不已。她怎么能对我说这些呢?她完全不了解我啊。她不知道我英文课才勉强及格,也不知道我把课余时间都花在了看电视上。我这周不过是读了些讲希腊诸神与英雄的儿童故事,然后在课上把它们复述了一遍而已。或许她对所有学生都这么说?或许她太年轻,太天真,太缺乏经验,所以看错了我?或许我应该忘掉她说的话才对。可尽管我已记不起她的姓名与相貌,她的那番话却始终印在了我的脑海里。儿时的我太讨厌自己的生活,太想要找办法挣脱出去,于是我相信了她——相信了只要学习足够努力,我就能摆脱这贫穷、孤单,而疏离的生活。

我开始去图书馆找更多关于希腊神话的书。我读到海伦的美貌催使千帆竞发,读到神王宙斯让希腊的半数女人怀上身孕。阅读希腊神话让我对科幻、奇幻与历史文学开始有了兴趣。忽然间,我对阅读着了迷——从字里行间的画面与情感、新世界与新命运中,我找到了快乐与意义。多伦多公共图书馆成了我的新家——我在那儿度过的时间,比在学校、在家与在电视机前加起来的时间还要多。我家太穷了,买不起车,更没钱旅行。可只要坐在图书馆的一角,翻开一本本科幻或奇幻小说,我便仿佛身处一个个新的世界,结识了一位位新的朋友,经历了一场场最具挑战的冒险。

一年过后，我对上学的态度完全改变了。我坐在教室前排，常常举手发言。我不仅成绩有了提高，而且还开始上学校里最难的数学和英文课。原先我对成绩漠不关心，如今我则一心只想取得好成绩。拿高分这件事对我而言，感觉就像五年级我赢了一盒粉笔的那场阅读比赛一样。我知道班上谁的成绩最好？因为我和他们都在上同几门荣誉课程。我们密切关注着彼此在每场考试中的表现，每人都暗自决心年末要拿第一。

有一天在化学课上，一位女指导老师走了进来，为我们简单解释了一下如何申请加拿大的大学。就像在每堂课上一样，我坐在前排全神贯注地听着，而我的同学们则要么快睡着了，要么相互传着纸条。在我们之中，谁也不知道原来学校还有间"指导办公室"，也没有谁考虑过有关大学的事情。申请加拿大的大学很简单，她告诉我们，首先，你得决定自己想不想上大学。如果想上的话，你就填三个志愿——志愿填什么其实无所谓，因为每所大学的质量都差不多。然后，学校会把你的成绩单寄出去。一周之后，你多半会得知自己被第一志愿录取了，可即便在最坏情况下，你也肯定能录上第三志愿。

"你们有什么问题吗？"她问道。

没有一个人举手。她转过身，看了看教室墙上的钟，才发现自己只讲了五分钟。

"哦对了，我们还有一种学生。大概每两年吧，会有那么一个人申请美国大学——那个程序特别复杂，你们没必要操心，"她说。"美国那儿还有一种叫'常春藤'的学校，可那都是给美国社会精英开的，不是我们去的地方。"当她说到"社会精英"这几个字的时候，把鼻尖翘得高高的。

大多中国人不明白这一点，可加拿大和美国是两个截然不同的

第一章 耶鲁之路

国家。加拿大人十分注重一个人能否"合群",好让所有人都和睦相处;而美国人则十分在乎一个人是否"出众",好让最聪明、最具才能的人坐上高位。关于美国的一切几乎都遭加拿大人鄙夷,其中尤以"精英主义"为甚。所以,当我们的指导老师讲到"社会精英"时她满是轻蔑,仿佛在说:"那些野蛮、主战、投共和党票的美国人"。但是,当我听到"社会精英"这几个字的时候,仿佛看见了一扇门如魔法般地出现在我面前。一直以来,我都在试图逃离自己在加拿大的小世界,可却不知道该往哪儿去。或许"常春藤"那扇通向美国"社会精英"的大门,就是我走出加拿大的通行证?

放学后,我找到了学校的指导办公室。那是间狭小的屋子,里头坐着早晨化学课上来过我们班的那位女老师。大概由于罕有访客,她殷勤地为我搬了把椅子。

"我想去常春藤,"我对她说。其实,我连"常春藤"是什么都还不知道。

"哦",她说着,脸上的笑容一下消失了。"你有很多钱吗?加拿大的大学几乎是免费的,可是常春藤学校的学费很贵。即便你有那么多钱,其实也不划算。"

"有没有可能,我能拿到奖学金?"我问道。

"你是个明星橄榄球四分卫吗?"她问我。"你会为哈佛拿全国冠军吗?因为在哈佛,他们只在乎赢橄榄球赛这件事。"

"哈佛是什么?"我问道。

"是常春藤联盟里的一所学校。"

"哦,我不玩什么体育项目。"

"我们加拿大的大学能给你的教育,跟常春藤大学一样好,"她劝说道。"这儿的大学不用你花什么钱,而且重视学术,而不是体育。"

我离开指导办公室后，心中愤懑不已。一看我的体格与肤色，她就该知道我是不会运动的——所以，她问那些问题不是为了嘲讽我吗？她是在取笑我吗？她何不直接问我是不是想拿乒乓球奖学金呢？她有什么资格告诉我，什么能做，什么不能做？一直以来，我都被同学和老师们瞧不起。如今，我总算成绩有了提高，总算让人看到我能有所成就，可他们却又想将我遏制回去。我得证明他们都错了——而进入常春藤学校不正是最有力的证据吗？我想起了九年级的那名代课老师。如若我告诉她我想去常春藤的话，她一定会夸我有志气的。

这件事，我对我父母是万万不能提的。他们没有钱——如果得知我想上昂贵的美国私立学校，他们会心力交瘁的。况且，父亲不是已经告诉过我吗——在白人的社会里，中国人要想混得好，必须得慢慢地、悄悄地、乖乖地来。我要做的这件事，正与他的教诲背道而驰。

于是，我一个人开始偷偷地做研究。在读了些关于常春藤的书后，我才发现那位女指导老师说的其实不无道理。哈佛、耶鲁与普林斯顿大学十分重视体育运动与领袖才能。在个性方面，它们喜欢在课堂内外都勇于冒险、有过成就的学生。这些大学也要求学生有很高的 SAT 分数。一看 SAT 考卷，我就被吓住了——虽然我通过阅读提高了词汇量，但还是不认识 SAT 中的大多单词。我只有两年时间来彻底改造自己，成为一个在我心中似乎不可企及的人。这个目标的确令人生畏，可我太想摆脱在多伦多的种种贫困与孤独了，于是决定放手一搏。

首先，我决定要换一所学校。我原先的高中在我家附近——那儿的居民们大都人穷志短、听天由命，认为教育没什么价值。于是我转学去了另一所高中——它周围主要是些受过教育、相信教育的

第一章 耶鲁之路

中产阶级家庭。我上下学的途中都要乘三十分钟的地铁。我会站在挤得满满是人的地铁车厢里,全神贯注地读一本刚从公共图书馆里借来的《纽约客》或《亚特兰大月刊》,以提高自己的SAT词汇分数。在新学校里,我加入了足球队,因为那是全校唯一一支来者不拒的运动队。他们让我踢左中锋,因为那是全场最次要的一个位置。另外,还有一个只有全校最大的书呆子才愿意加入的活动,叫"智力竞答队"——我在其中负责组织与教学;我还当上了校报总编,因为没人想要那个职位。

最重要的是,我开始读起了严肃文学。我喜欢上了约翰·史坦贝克、欧内斯特·海明威、弗·斯科特·菲茨杰拉德与詹姆斯·乔伊斯等作家的书。我之所以开始看这些书,是因为我读到常春藤要求学生有较好的文学品味与鉴赏能力。起先,我纯粹是抱着想提高SAT成绩的心态去看这些书的。然而,阅读严肃文学逐渐让我的思想有了改变,它将我的心灵扩展到了新奇而陌生的领域。

在阅读严肃文学之前,我读的主要是科幻、奇幻与漫画书。它们都让我逃离了自己孤独而疏离的生活,将我带往遥远的世界与时空;可是读罢故事,合上书扉后,书中的世界与时空就随之也关上了大门。严肃文学同样也将我带往遥远的世界与不同的年代;可当我读罢故事,合上书扉后,却总有种奇怪的感觉,仿佛自己的一部分留在了书中,而书的许多内容也留在了我心里。傍晚,在我沿着多伦多的街道一个人散步时,书中的人物与思想伴随着我,仿佛尾随在我身后。他们不断地向我发问,迫使我看清那些自己长久以来视而不见的、隐蔽的事实。

为了进入常春藤,我可算是用上了十二分的努力。周一至周五,我每早八点起床。然后,我会在去学校的地铁上看书。我们早上九点开始上课,一直上到下午四点。放学后我留下来编辑校报、指导

"智力竞答队"或是参加足球队训练，直到六点才离开学校。我晚上七点到家后，会因疲惫而昏睡过去两个小时，然后在九点爬起来，吃晚饭、做作业。作业内容通常是读书、写作文、复习考试。我会这样一直撑到凌晨四点，才因过于疲惫而再一次昏睡过去。虽然每天都安排得充实而忙碌，我却仍是忐忑不安、郁郁寡欢，心中故觉还须跑得更快些、学得更勤些。

那时的我为何如此用功？是为了摆脱贫穷与寂寞，为了给自己构筑一个更好的未来。可是，如若进入了常春藤、当上了税务律师、拥有了几百万美金的收入，我就真能拥有快乐、拥有充满目标与意义的生活吗？还是说，我会像米达斯王一样，在心愿被神成全后，发现一切幸福与意义都化为乌有？在急于求成的冲刺中，我不再像从前那样腼腼腆腆、得过且过了；可我却变得爱慕虚荣、傲慢自负。同学与老师都觉得我是个心胸狭隘的人，一心只想着成绩——而我也确实像他们说的那样。如今，我是"上常春藤的那块料"了，可我却依然没有朋友，反倒越发地感到压力难当、闷闷不乐——这一切，值得吗？虽然成绩提高了，可我真的学到东西了吗？这一切难道不应仅是场游戏吗？我会不会牺牲了内心对阅读与学习的热爱，却只是换来了又一盒毫无意义的白粉笔呢？在逃离寂寞与痛苦的这场疯狂冲刺中，我是否养成了许多性格缺陷，于是只好逼自己跑得更快以逃避这个事实——如此反复，恶性循环，反而在寂寞与痛苦中越陷越深呢？伊卡洛斯傲慢自大、心浮气躁，自以为有了一双蜡翅膀就无可匹敌，于是因飞得离太阳过近而一落千丈、坠海身亡——我不正像他一样吗？

1994年秋，我开始了美国大学那漫长而烦琐的申请流程。我需要提交申请文书一封、老师推荐信两封、学校报告一张、成绩单一份以及包含所有课外活动的简历一份。我申请了四所大学：哈佛、

第一章 耶鲁之路

耶鲁、普林斯顿和麻省理工。之所以只申请这四所,是因为我知道凭自己的成绩,进加拿大最好的理工院校——滑铁卢大学不在话下。在美国,谁也无法肯定自己上得了顶尖大学,而那些大学也没有义务对录取通知书作出解释。在加拿大,情况截然相反。只要我维持足够高的平均绩点,滑铁卢大学的工科项目就不得不录取我,无关乎我的体育能力、领袖才能与个人性格,更无关乎我冒没冒过险、有没有成就。

在1995年4月的第一周,大学那边开始有了回复。那时候,电子邮件还不像今天这么普及。录取通知书都是邮寄出去的,而学生们一看信封大小就能知道自己有没有被录取。小信封里头往往是一页纸的拒绝信;而大信封里则通常有许多宣传资料以吸引学生前去上学,还附有一些接受录取的学生要填的表格。哈佛、普林斯顿与麻省理工都给我寄来了小信封,其中各有一封彬彬有礼的拒绝信。我至今仍能清晰而亲切地记得哈佛拒绝信里的内容:"归根结底,重要的不是你去向何方,而是你抵达后要做些什么。"信中解释道,任何一所大学都不乏优秀的老师、丰富的资源与学习的机会。

在反复玩味哈佛拒信的过程里,我很是自得其乐。因为它恰恰印证了我在读了一年严肃文学,反复深思后终于得出的结论:"常春藤之梦"是场无谓的游戏、是场自败的竞争;它最终的回报也不过是盒白粉笔而已。为了这盒粉笔,我追求得如此盲目,以致忘记了在学习的过程中,真正的回报不应是一纸录取信,而应是对学习自身的热爱。不正是后者向我许诺,有朝一日定会让我脱离这痛苦与疏离的生活吗?在接下来的数月中,我开始改变自己的作风与态度了。我仍然常读《纽约客》与《亚特兰大月刊》,却不再是为了分数——我真心喜爱这些杂志,因为它们为我开启了全新的世界。在我心中，成绩与SAT分数不再重要，考进常春藤亦不再重要——重要的是能与莎士比亚和乔伊斯沿街漫步、促膝长谈；能以诗文与志同道合的思想者们共同交流。我在写作中找到了幸福感与归属感；在开放、好奇而善思的心灵中体验到了一种奇妙的力量。文学教会我：只要对之敞开心扉、悉心了解，任何人、任何地点、任何经历都能是本最发人深省、最优雅动人的书。去向何方已不重要——重要的只是抵达后我将选择做些什么。而我知道，经历了书籍的熏陶，自己如今定会做出正确的选择。在接下来的一生中，我都会不断地阅读、不断地学习。在阅读与学习中，我找到了财富、幸福与归属。也正是通过阅读与学习，我才不至于重蹈伊卡洛斯与米达斯王的覆辙。

在收到哈佛、普林斯顿与麻省理工拒绝信的一周后，耶鲁大学的录取通知书方才姗姗来迟。当我将手伸进信箱时，能看到那是个小信封。我平静地将它折好，收进口袋里，然后上楼走回了我的房间。我将书包放在床上，取出信封，盯着它看了许久。小小的浅褐色信封上印着蓝色的耶鲁字样，很是精美。我心中有一部分念头只想将信扔掉，继续过我的生活。可是，我还是决定将它打开。的确，我在一周前才判定常春藤是场无谓的追求；可同时，常春藤这个理想也一直激励着我不断进步。开启这封信，是我欠自己的——于是我撕开了信封。

在信函的开头，写着"祝贺你"。余下的内容，在我意识中一片模糊，只依稀记得那时自己心神恍惚。我立刻伸手拿起电话，拨下了耶鲁的号码。电话正在占线中，在接下来的半小时里一直是忙音。我想象着数十个、甚至上百个像我一样的人，因难以相信自己竟被

第一章 耶鲁之路

耶鲁录取，正急切地打电话确认。遍布北美的我们，被这共同的希望、恐惧、激动与绝望联系在了一起。终于，电话接通了。这封信不是意外，不是恶作剧，更不是我看花了眼——我真的被录入了耶鲁大学1999级。

那一刻，最感自豪的人大概是我父亲。他曾放弃了自己的大学梦，只为儿子们有朝一日能考上大学。他曾在多伦多以洗碗为生，只凭一个信念坚持了下来——那就是我有一天能舒舒服服地坐在办公室里，做做加法就能过日子。他做梦也没想到，家中的第一个大学生竟是凭全额奖学金上了耶鲁。他激动地写信给身在加拿大、美国、新加坡与台山老家的亲戚们，说出了那句自己二十年前就曾想说的话——江家终于出了个知识分子。

当我进入了耶鲁大学后，才发现它不完全是一盒白粉笔——可也与之相差无几。

# 第二章 从北京开始

我考上了耶鲁，这大概是父亲一生中最骄傲的事了。他放弃了大学梦，在过去的三十年里在多伦多当洗碗工，可这一切的牺牲此刻仿佛都显得值得。他写信给身在美国、中国香港、新加坡与台山老家的亲戚们，与他们共同庆祝我的成功，分享这份喜悦。如此一件举家同欢的大事，让他对我接下来的行为感到困惑不已，直至如今。

我考上耶鲁的后果之一，便是给我远房表亲的生活无端增加了许多压力。在世界各地，那些我未曾谋面的表兄弟姐妹们如今都得拿我这个高不可及的标准来衡量自己——之前，他们只要当上会计或是药剂师就可以了，可如今他们得考上哈佛、耶鲁才行。可是，当我的亲戚们得知我是如何利用自己的耶鲁文凭后，却一下子对我的名字绝口不提了，我的表兄弟姐妹们也随之松了口气。

有那么一个亲戚总爱提起我——我身在纽约的阿姨。自从她儿子杰森拿到学校成绩单的那天起,她就一直在敦促他要好好学习。

"记得你那个考上耶鲁的表哥吗?"当杰森又拿到了一张不够完美的成绩单时,她就对杰森尖叫着说,"你为什么就不能像他一样努力?你要是想考上耶鲁,就不能这么懒惰!"

每次杰森的头都会沉得很低很低。突然有一天,杰森的祖母实在看不下去了,她对我阿姨叫嚷道:"你难道忘了他拿到耶鲁文凭后都干什么去了吗?他回中国了!难道你想杰森考上耶鲁然后也回到中国吗?"

原先还很激烈的尖叫竟然戛然而止。

我的亲戚们都清楚地记得那让人绝望的贫穷的中国,他们无法想象与自己血脉相连的亲人竟然真的选择了回到中国。

那么,我到底是为了什么而选择回到中国呢?

杰森的祖母说的没错:我要是没考上耶鲁的话,大概也不会回到中国。自我走进耶鲁的那一刻起,我就感到茫然失措。虽然我读了许多书,也看了许多电视,可这一切都未能帮我为耶鲁做好准备——它那宽敞得如同洞穴般的图书馆,它那在阳光中灿灿发光的高大而傲慢的哥特式高塔,它那青葱而沾着露珠的草地都让我感到措手不及。学生们穿着端庄,坐姿完美,在课堂里做着整洁的笔记;教授们站姿优雅,讲座严谨,讲课时的手势很完美;即便打碎的窗户也碎得很完美。你可曾看见过耶鲁宣传册或是网站上的那些漂亮的照片?木质的墙板、低调的灯光、漂亮的学生、绿色皮面的座椅——耶鲁的每一个细节都是那样的精致。耶鲁是完美的——而我自走进耶鲁的第一刻起,就知道自己不属于这里,也永远不会属于这里。

所以,考进耶鲁只让我感到更加孤独,更加的不快乐。在耶鲁我找不到像我一样的人,也找不到交谈的对象。大多数学生都是教授、医生或是律师的孩子,他们自己也正朝着成为教授、医生或是律师的方向步步向前。他们大都对阅读与学习不感兴趣,而只在乎成就与成功。他们是为了耶鲁而生的,而我只是努力过度才走运进了耶鲁而已。

那时我远离家庭,身处一个奇异而遥远的环境——这让我对中国突然有了兴趣。当时的我,对自己的出生地一无所知。在高中,我对除中国以外的一切事物都感兴趣。我甚至不知道粤语与普通话不是同一种方言。在耶鲁,我感到孤单而疏离,于是我将自己无尽的精力都投入在阅读中国历史与学习汉语上面。

阅读中国历史让我感到自豪、愤怒、沮丧与兴奋,在一天中有时候这几种情感交替出现,有时候它们则一起涌上心头。在阅读中国古代——尤其是唐朝与宋朝时,我感到骄傲。这些朝代统一了国家,激发了创新与创意,创造了全世界最富饶、最先进的文明,让访客与邻国都对中原赞叹不已。当我读到中国蒙受屈辱的那个世纪时,看到上海租界公园"华人与狗不得入内"的招牌,我感到愤怒不已,难受地大哭起来。我也开始对鲁迅的作品充满兴趣,它们告诉我中国文化和中国社会是如何一步步走向狭隘与封闭,而这一切又是如何导致中国的懦弱与停滞不前。当我读到中国共产党的执政为中国再一次带来平等、繁荣、和平与骄傲的时候,强烈的自豪感与欣慰感如潮涌般向我袭来。在此之前,我从未感受过如此强烈的情感——当我在了解中国的同时,就仿佛在了解自己。在耶鲁,中国就正如我高中时常青藤联盟给予我的鼓励与激发一般——我决心要回中国去看看。

但问题是我的汉语发音存在困难。不管我怎么努力,都没办法单独区分出普通话的四个音调,更别提正确的发音了。每天我都要

第二章 从北京开始

上两个小时的中文课,我的老师特别害怕让我发言,就像我也特别害怕被他提问一样。我没法准确地读出每个字,甚至是自己的名字。曾经我倾尽全力地将自己的中国口音转成纯正的英语口音,而如今不管我怎么努力地在每个早上训练也都无济于事了。所以当暑假我申请不到在北京学习普通话的耶鲁奖学金时,我也并不惊讶。它只会让我更坚定自己的决心——我一定要拿到这个奖学金!

所以,我在那年夏天回到了多伦多,把所有时间都投入到了阅读中国历史、文学作品和学习汉字上。每天早上我骑着自行车到多伦多的公共图书馆里,一坐就是8小时。为了能记住每个繁体字,我把它们每一个都写了不下百遍。或许这在中国学生看来是一场煎熬,但对我而言,它意义重大且给了我无尽动力。在我心里,我时常因自己与我是中国人的身份分离而感到无比孤单和难过。我写字虽然慢,但每写下一个汉字却能让我感觉到我在一点一滴地寻回自己的中国人身份。那个夏天我拼了命地学习,所以当我回到耶鲁开始大三学生的生活时,我跳了一级。突然间,一个曾经连正确发音都成问题的我,摇身一变,对刘宾雁、王蒙、王安忆和巴金的文学作品中所采用的文学技巧及他们写作的优点进行深入剖析,这着实让我中文课的教授们感到惊讶不已。

可即便是如此,当我在春季学期里再一次申请到北大学习的耶鲁奖学金时,仍然遭到了拒绝。震惊与绝望笼罩着我,而这绝不是那时我收到哈佛,或普林斯顿,或麻省理工的拒信时所产生的失落。整整一个小时里,我一言不发地坐在宿舍门前,看着眼前穿梭来回的脚步,我把自己紧锁在自己的世界里。我付出了一切努力想要回到中国,就犹如当时的我倾尽所能想要考进耶鲁一样。而其实在我心里,我深知自己想回中国的渴望远胜于当初我对耶鲁的向往。

我不想放弃,也不能放弃。曾经,没人告诉我可以考进耶鲁。

当我决定要申请常春藤联盟大学的时候，成功的概率几乎为零。但我就是靠自己的努力奋斗、坚持与想象力，找到了重塑自己而进入常春藤的方法。所以，我每日每夜地想，直到有个想法突然间进入我的脑海。我们班上有个从北京来的同学——或许他能帮我。

于是我邀请了他一起吃晚餐，他建议我到中国的一所学校里当志愿者。

"我从来没有教过书。"我说。"我没法胜任。你觉得他们会要我吗？"

"只要是能讲地道英文的外国人，他们都会要。"他告诉我说。"试一下无妨。我会给我高中的物理老师发封邮件，听听他的意见。"

"在北京你们有邮箱？"我问。

"是的，我们还有车。"他摇着头说，"你眼中的北京是怎样的？你了解它吗？"

"我知道我必须去一趟。"我回答道。

一周后，我那位北京的同学告诉我，他高中的物理老师认为这件事应该没什么问题。这句话就已经足以让我鼓起勇气去买一张飞往北京的单程机票了。于是在1997年的圣诞，我从纽约乘坐法国航空的飞机，经过巴黎，飞抵北京。

当飞机在北京降落后，我突然意识到，在没有一个住处、没有一份工作、没有一分钱的情况下就从世界的一端飞到另一端，这种行为其实并不明智。

我同学到机场接我，把我安排在一个酒店里住下。第二天他就带着我去到了他曾经的高中——北京大学附属中学。我们走进了一个烟雾弥漫的小办公室，坐在沙发上等我同学的物理老师——北大附中副校长王铮的到来。没多久，他便带着和蔼憨厚的笑容出现了，他一进来就开始和我同学用快节奏的普通话交流。大约过了5分钟，

第二章 从北京开始

我同学转过身来告诉我:"好了,你现在已经是北京大学附属中学的一名英语老师了。"

能与学生一起分享我对阅读与学习的热爱,通过教育帮助他们改变命运——就像教育改变了我的命运一样,这在我脑海里一直都是一件浪漫动人的事。可是我从没教过书,也从未接受过任何教师资格培训,甚至在课堂上我都没发过言。再说,我根本就不了解中国的学生或是中国的教育体系。我完全不能胜任这份工作,如果我就这样接受的话那该多不负责任啊!可那时候我也确实没有其他地方可去了。

"太好了,我会努力做好的,"我对着王铮校长点着头并微笑地说,"荣幸至极!"

于是在转眼间,我就发现自己站在了50多名穿着绿色校服的高一学生面前。公共演讲是一件极其艰巨的任务,有研究表明,人们对公共演讲的惧怕程度仅次于死亡。首先对站在陌生人面前它就已经要求了需要自信、优雅以及一定的技巧,更别说是要说服或感动他们了。过去那几年里,我学了很多,但就是因为公共演讲太难了所以我一直没有尝试。到了最后,我甚至安慰自己说这是因为我是一名作家而非一个演说家。所以,当王铮副校长突然把我带到50个学生的教室里的时候,我非常紧张。紧张到当我在教室里踱着小步,给学生们分发我为他们写的一页文章时,都不敢正视他们的眼睛。这篇短文是关于阅读是如何重新塑造了曾经那个害羞、消极的我,把我带入了一个全新的领域,打开了我的思维,让我带着新奇的色彩和目光去看待这个世界,以及他们又是如何把我带到了耶鲁和北京的。我们一起读那篇文章,到最后的时候他们都笑了,我也因此不那么紧张了。

"好了,我的自我介绍已经结束,现在该是我好好认识你们的时候了。"我说。我开始让学生们一个接一个地介绍自己。在此之前我了解到,中国的高考体系让学生变得"规矩"、"顺从",但在这群孩子身上我丝毫找不到这些痕迹。他们很有想法,很幽默,他们相互问着对方喜欢或不喜欢哪些老师,每一次有人回答,总会惹得其他人哄堂大笑。我生命中当老师的第一个小时很快就过去了,可是当时针指到"5"的时候它并没有结束。放学后,孩子们并没有像我想的那样飞快地骑着他们的自行车回家。他们跑来把我围住,用中文问我为什么耶鲁的名气那么大,为什么威廉·莎士比亚会是一个如此伟大的诗人。当然,总少不了每一个中国学生迟早都会问到的问题——我是否有了女朋友,我有没有结婚?

在我没考上耶鲁之前,我曾幻想着能和同学在学校的餐厅,或是躺在我们宿舍外的草地上自由而开放地畅谈诗歌与哲学、探讨人生的意义与幸福。但事实证明这只能是我的幻想而已。我所有的同学,不管在任何时候讨论的话题永远都是抱怨他们有多讨厌那个只给了他们论文 B+ 的英语教授,或是怎样的暑期实习经历才会对他们申请法学院有帮助。所以,我也从不期望在北京能找到一群与我彻夜畅谈的朋友。

从学生口中,我才发现原来北大附中在中国算是一个很特别的学校。1960 年,北京大学设想能建设一个基地为它培养年轻的教师,同时也解决北大教师们的子女上学问题,于是他们选派了一批年轻的教授来到这个地方——建立一所实验学校。当年这些年轻的教授们并不知道该怎么教高中的学生,于是他们把这群高中的孩子都当成大学生般对待,把他们当成朋友。师生共建校园——这在北大附中的历史上不仅仅是老师和学生一起用水泥混合木材钢筋建造楼房教室,在课堂上,他们也共同创造了一种自由提问与交流的文化。北大附中的老师们鼓励学生勇敢地追求理想,大胆地说出想法,热

第二章 从北京开始

忧地投入学习。他们信任学生，让学生学会自主决定，让学生不害怕犯错。

学生在介绍他们学校的同时，我也告诉他们，作为一个移民的孩子到了多伦多，我的生活曾经是那么的艰辛；我是如何爱上了阅读，借着它赶走我内心的孤独与疏离；我是怎么发现全新的自己并考上了耶鲁。我们只认识了短短一个月，但我们已经能像老朋友那样交流。像老朋友般，我们一起讲笑话也相互取笑对方。

"王铮副校长认为我可以教书，所以我出现在了中国。"我对我的学生开玩笑地说。"他有做错吗？"

"是的，你可以这么说！"他们很认真地回答。

我只是不知道该怎么教书，我不了解教室里的每个学生对知识的理解和吸收都是不同的，老师的任务是和学生一起努力，帮助他们用自己的方式去理解材料；我不懂这些文化背景与思维方式与我不同的中国学生，他们其实无法理解我给他们的阅读材料；我不明白学习是一个缓慢的过程，需要我耐心地帮助学生掌握点滴的知识并进行巩固。我对他们一点都不了解，我也不知道怎么教中国学生学习英语。所以每周我都只会让他们背 SAT 的单词，毕竟，这也是我在他们这个年龄时所做的事。

半学期过去了，有一天当我来到教室，发现教室里空无一人。我简直不敢相信自己的眼睛，严重的失落感让我觉得晕眩，觉得呼吸困难。我唯一清楚的意识是得让自己立即逃出校园。于是我来到了中关村，漫无目的地走着。我走得很慢，熙熙攘攘的人潮摩肩接踵。

我知道我不是一个好老师。我在课堂上说话结结巴巴；我给了学生太多的作业；我定了太高的标准；我让他们记住那些根本与他们无关的、烦人的 SAT 单词。但是，我是真的热爱教学，也全身心地投入到教学中！在很多个夜里我根本没法入睡，因为我的脑海里总是塞满了各种新的教学方法。下课后我也非常积极地撰写阅读材料。我毫无保留地为了这些孩子们努力工作——难道他们就真的看不见吗？

"江老师！"

这声呼唤把我拉回了现实，我转过身发现是英语组的科组长杨老师。

"江老师，你怎么没去上课？"杨老师问。"发生什么事了？你看上去很糟糕。"

"学生们都走了。"我说。我试着控制自己，但却做不到，我开始哭。当着杨老师的面我觉得自己太狼狈了，我连看都不敢看她就迅速跑开了。

当我难受地哭起来时，我才意识到教这班学生对我来说意味着什么。我记得在多伦多，那些孩子不让我和他们一起玩，他们捉弄我、取笑我，因为他们不能读出我的名字；我记得在耶鲁我的同学是怎么讨论他们的分数和法学院的申请。我好不容易在这里找到了一群朋友，能和我一起分享我对阅读、对学习的热爱，能和我在晚上快乐地畅谈济慈的诗歌、亚历山大·汉密尔顿的政治哲学的朋友。一开始我并没有打算留在北大附中教书，但渐渐地，我却在这里找到了从未曾有过的幸福感和存在感，它们填补了我人生的空缺，让我感到完整。可那空无一人的教室却有如晴天霹雳般给了我前所未有的挫败感，那种程度绝不是哈佛、普林斯顿和麻省理工的三封拒信所能相提并论的，也不是申请北大学习的奖学金被拒时所能比拟的。

那天夜里我正在房间里看书，突然有人敲门，来的是杨老师。

"江老师，明天去上课吧——一切都会如常进行的。"她告诉我。

第二章 从北京开始

"杨老师,你没有批评学生吧?"我问。"你不会因为他们逃了我的课而惩罚他们吧?这真的不是他们的错,他们有很多的作业。只是我,我不是一个称职的老师。"

其实我知道杨老师肯定批评了那班孩子,可即使这让我感觉很糟糕,但在那一刻我对她却充满了感激——因为她把学生都带回来了。如果他们永远都不再回来,我想我也不会再在中国从事教育了。第二天当我走进教室,我微笑地看着每个孩子,我给他们发了一篇长达20页的文章。他们都低着头不想看我。"难道他是想让我们记住这些吗?"一个学生悄声地对另一个学生说。

"我知道我曾经是多么糟糕的一位老师。"我告诉学生。"每节课我只会让你们背SAT的单词,我把英语学习搞得一团糟。你们已经有那么多的作业和压力了,我还不识趣地给你们添乱。我到中国教书是因为我认为学习是件快乐的事情,但很抱歉我把它搞砸了。现在,就让我们重新开始吧!你们还记得我在第一节课就曾告诉你们,我是怎样找到阅读的乐趣,而它又是怎样改变了我的人生的吗?所以接下来我们要一起做的就是———同感受阅读的乐趣。这周末,我原打算到书店去选一本可以让大家一起读的书,但书店里只有查尔斯·狄更斯、简·奥斯丁和威廉·莎士比亚的书,它们太难了。所以你们猜我做了什么?"

他们想了几分钟,很快的,这50个孩子似乎都意识到我做了什么,他们把眼睛瞪得有如他们张开的嘴巴那么大。"你自己写小说?"其中一个学生不确定地叫了出来。

其实这篇短篇爱情小说我在上周末就写好了,为了能让他们喜欢上阅读,我投入了很多时间和精力。可当我走进教室,想让他们看看我专门为他们写的小说时,我却看到了空荡荡的教室。那一刻除了震惊与失落,我感觉自己的心都要碎了,那种被背叛的感觉真的很难受。

　　小说里的爱情故事其实很幼稚，可他们都是孩子，所以都很喜欢。我慢慢发现我的教学在一天天提高，我能很好地对待每一个学生，我能为每个孩子都设计独特而适合他们的问题。学生们越来越喜欢上我的课了，而我，也因此更享受自己的教学。我开始把教书当成了我下半生将投身的事业。

　　到了学期末，我必须返回耶鲁完成我的英文学位。有一天当我走在耶鲁校园的时候，我看见了一张关于耶鲁年度演讲比赛的海报。其实当我还在读高中的时候，我就梦想着有一天我能克服自己对公共演讲的恐惧心理，站在观众的面前，用自己的语言感动他们。在北京的教学经历让我说话不再结结巴巴了。可是我也知道，耶鲁的演讲比赛与在北京教书是不一样的——我将与世界上最优秀的演说家和辩论手竞赛，他们从高中开始就不停地参加专业的比赛，演讲技巧已经炉火纯青了；我将与美国未来的公司董事长、最高法院的法官、国会议员或参议员进行竞争——甚至是与美国未来的总统竞争。我没有任何赢得比赛的机会，只是我觉得这场比赛应该会很有趣。

　　我五分钟的演讲内容是关于真正的学习是如何激励我们去适应全新且充满挑战的陌生环境。我讲在北京的教学经历，讲当我第一次走进教室的时候，我是如何坚持着要把自己的文化价值观和想法强加给学生的，当我这样做的时候其实我正是把他们从我身边推开。在我意识到这点之后，我不再强加给学生任何东西，我打开思维尝试去了解他们看自己、看世界的眼光。这是一个可怕而痛苦的过程，因为要看到他人的心灵则意味着你必须不断地怀疑、挑战、否定和放弃自我。可事实却并非如此，到了学期结束的时候我并没有忘记自己是谁——学着去欣赏每个独立的想法只会让自己变得更强大。

第二章　从北京开始

对着耶鲁的专家小组，我继续陈述自己的观点，我认为真正的学习需要我们真正地走进这个世界，不断地发现和适应自我——这种不断包容世界的差异性和多样性，适应全新、迥异的社会——这种我们无法停止的对学习的渴望——这就是人类真正的自我。这就是我在中国拾获的珍贵，这也是为什么我要回到中国的原因。

一周后演讲比赛的结果出来了，我猜得没错——我并没有拿到冠军。但我是亚军。

在我毕业的前一个月，我问耶鲁大学的行政管理人员，是否可以在我的毕业文凭上印上我的中文姓名，而不是拼音。获得耶鲁的毕业文凭是我最大的骄傲，我解释说，我必须用汉字来证明自己的身份。

"我在耶鲁工作了三十多年，从来没有人提出过这样的要求，"那个负责印制毕业文凭的工作人员告诉我，"到今天为止，耶鲁已经有将近三百多年的历史了，从未有过这样的先例，这完全不可能做到。"

我不死心地继续打电话咨询。耶鲁所有的行政管理人员都非常礼貌地对我表示理解，他们也列出了一条条合理的解释。一直以来，耶鲁为自己的传统而骄傲，而传统则意味着要保持一贯的做事风格——可我却在要求耶鲁为我打破传统，耶鲁从不会打破传统。可是，耶鲁大学的文凭是为就业准备的，如果雇主连我的名字都不能分辨，那岂不是影响了我的就业机会？耶鲁的毕业文凭是统一在一个秘密的印刷基地印制的——那些打印机并没有拥有足够的专业技术支持和语言功能把我的名字印成中文。

这些都是非常好而且十分合理的理由。可是我不在乎，我只想做成这件事，我相信只要我足够努力和坚持，就一定可以找到解决的方法，就像是我当初进入耶鲁以及在北京找回自我一样。

很快，我就发现自己坐在了宽敞明亮的耶鲁执行秘书的办公室里——耶鲁大学管理层权力榜排行第三的人。

"请你告诉我为什么你希望自己的中文名出现在耶鲁的毕业文凭上？"执行秘书问我。

"因为我是中国人，"我告诉她，"因为我为自己是谁而自豪，因为我想在对我最重要的证件上证明我是谁。"

她点了点头，她已经明白我所要说的。

在耶鲁的毕业文凭上印上我的中文名其实比任何人想象的都困难。首先，我需要在耶鲁大学里找到一个中文书法家，这个并不难。但是当他进到了印刷室后，他发现文凭上并没有足够的空间能印上我的姓名。所以那个负责印刷的工作人员需要打破耶鲁的传统，重新设计那份毕业文凭，以留有足够的空间可以把我名字印上去。

当我收到了印着我中文姓名的毕业文凭时，我知道自己要用它来做什么。在1999年5月毕业后，我飞回了北京，回到北大附中看那群高一的孩子们。在飞机上，我心急如焚地想要马上见到他们，告诉他们我是怎样在耶鲁的演讲比赛中获得了第二名，还有，我是怎样把自己的中文姓名印在了耶鲁的毕业文凭上。当然，我也特别想知道这一年来他们所发生的每一件事。然后我将会继续教他们英语，继续为他们写一些幼稚的爱情故事。

当我出现在北大附中的校园里时，王铮副校长正在那儿等着我，他带着我又重新逛了一次校园。学生们看起来没什么变化——乌黑的短直发，大框眼镜，绿色校服，可其实一切都已经改变了。在路上，当我见到他们的时候，他们并没有停下来和我交流。

王铮副校长跟我解释了当时的情况，这些学生离高考只有几个月的时间了，这意味着他们得从早到晚不停地做题、考试，他们再也没有时间做别的事情了，尤其是英语阅读。当初学生们在英语学

第二章 从北京开始

习上找到的乐趣和快乐都因为高考而消失不见了,王铮副校长告诉我。

王铮经常和我一起吃火锅,我们谈教育,也聊理想,发现彼此有着共同的教育理念。我们都特别希望能建一所可以帮助学生发现学习兴趣、发现自我的学校,在那里可以激发学生的好奇心和创造力,教会他们热爱阅读,学会爱。王铮一直致力于中国的教育事业,他能看到高考所带来的压力只会让一切变得越来越糟糕。

"所以我是没有机会再教这些学生了,是吗?"我问。

"他们只是没有时间,"王铮说。"但或许你可以教我们新高一的学生?"

然后再一次看着所有的努力被高考摧毁?我可以预见到了那时候,我就再也不想回到自己曾经熟悉、热爱的北大附中了,因为在北大附中的经历只会不断提醒我曾经失去的一切。

"我想尝试做不一样的事,"我告诉他。"我想试着当记者。"

王铮明白我的意思。看着那么多孩子因为高考埋没了他们天生的好奇心和创造力,他的心里其实比我更难受。在20世纪80年代,他曾经也是北大附中的一名学生。在那个年代,他的老师们把他带入了诗歌与哲学的世界,帮助他打开双眼重新看待世界,并教会他教育的意义和力量。于是在北大毕业后,他又重新回到了北大附中,继续传承这所学校优秀的传统。但在90年代中期,当初建立北大附中的所有老教师都先后退休了,他们的离开,也把这所学校的精神与文化一并带走了。在那时候,中国学生的家长开始变得越来越关注孩子的高考分数,他们强烈要求北大附中的老师给学生们布置更多的作业、在课堂上进行更高强度的训练。王铮一步步看着这一切发生,看着曾经那个鼓励个性与多元化的校园逐渐成为一个只能培养考试机器的学校,他的心里别提有多难受了。很快,他也将要离开北大附中。

在离开了北大附中以后,我留在中国尝试了许多不同的职业,但是再也没有一份工作能像在北大附中当老师那样,让我找到幸福感与自我价值。我继续不停地在记者、纪录片制作、联合国官员这些行业或工作中寻找同样的快乐与意义,可是我发现我再也找不回它们了,我找不回教育给我带来的激情。在这些职业里我不断地挣扎,最后我失败了。终于在2008年夏天,我回到了多伦多,尝试着去修复这些年来的失败与压力给我带来的挫败感。而就在这时候,我收到了王铮的来信。

王铮离开北大附中后到了中国的南部——深圳进行教育改革。2001年,深圳最好的公立学校——深圳中学邀请他担任校长,从那开始他便致力于把深圳中学建设成他曾熟悉和热爱的北大附中——我应该去深圳拜访他吗?

他的邮件把我带回了曾经那段在北大附中快乐的时光,我决定了要去深圳拜访王铮。

而就在那里,我找到了自己这一生都在寻找的东西。

第二章 从北京开始

## 第三章 新的旅程——深圳

2008年9月下旬的一个清晨，我抵达了深圳，王铮校长还是领着我参观深圳中学的校园。

在我到达深圳的第二天，学校里来了二十多位美国大学的招生官。他们在深圳中学文体楼的三楼摆起了一个个咨询台。

漫步在近横跨三条街区的校园里，王铮校长告诉我说，这些招生官之所以来这里，是因为想去美国读本科的中国学生的人数在不断增长。当年王铮在北大毕业时，他的所有同学都去了国外念研究生，那时几乎还没有人想到要出国读本科。后来随着中国不断地发展壮大，美国看到了与中国合作的重要性，也意识到了他们的新职责：培养中国未来的精英。在2004年，美国政府放宽了对中国留学签证的限制，与此同时美国大学也开始向中国学生提供全额奖学金。那一年，深圳中学被美国大学录取的学生不到12个，而他们选择出国大都是因为高考没考好。

时隔四年，当王铮校长和我一起走在文体楼三楼时，我眼前有上百名学生游走在各个咨询台前，一边收集着宣传册，一边围着招生官们咨询。王铮校长告诉我，这一年深圳中学毕业班的800多名学生里有近100名学生会选择到美国上大学。

此时，王铮校长的身边已经围了一圈学生，他开始向他们介绍我。"这是我的老朋友，江老师。"王校长说。"他是耶鲁大学毕业的。"话音刚落，学生们都惊讶地张开了嘴，看上去他们似乎有点崇拜我。"他会在这里待一段时间，"他转头看着我，"对吧，江老师？"

2008年9月，几乎是带着和1997年去北京时相同的理由，我来到了深圳。在多伦多，平淡的日子让我郁郁寡欢，为了逃离那种生活，我来到了深圳中学。到了深圳，迎接我的依旧是王铮校长那灿烂憨厚的笑容，和前些年在他北京的办公室里初见时一样。他在深圳中学为我安排了一套原本只为学校领导及其家属准备的既宽敞又舒适的四房套间。

"想留多久都行。"

他说着就把钥匙递给了我。在王铮离开后，我打开了行李箱，打算开始布置我的新房间，可是那一句"想留多久都行"却萦绕在我耳旁挥之不去。我想在这里待多久？我想留在这儿吗？我到底能在深圳做什么？我已经告别了曾经那段满腔热血、胸怀大志、时刻准备着迎接挑战的青葱岁月了。在北大附中当老师时浑身上下那股自信与充斥满脑子的创造力，也因多年事业的不顺，一点点被侵蚀殆尽了。如今的我也不再是一个浪漫的梦想家了，想到这儿，我又将手中的东西重新放回了行李箱——也许我明天就会离开，我暗自思忖着。

第三章 新的旅程——深圳

"我不确定自己会在这里留多久,"我告诉学生们,其实也是在对自己说:"我昨天才刚到这儿,这次是专程来拜访王铮校长的。"

"要不你问他们一些问题?"王铮校长提议道。

我其实不想问这些学生们任何问题。文体楼里面人围得水泄不通,又闷又热,我只想能快点离开。这里的学生我一个都不认识,也不想认识。深圳这个城市对我来说太陌生了,我开始怀念起了多伦多。

可是想到王铮校长的盛情接待,我不得不回以应有的礼貌。

"你们打算申请什么大学?"我开始发问,脑子里已经准备好了下一句的台词:"那所大学很棒。教授有责任心又友好,而且你到了那之后就会发现身边的同学也都聪明又幽默。祝你好运,希望你能得偿所愿。噢对了,附近有什么值得推荐的饭馆吗?"

学生们面面相觑,看上去有点不好意思。

"我们不知道,"其中一个学生打破了沉默。这个扎着马尾辫的女孩桀骜不驯,连站着都不老实,她叫潘芳迪。那时候的我和她都不知道,我们会在之后的四年里一起联手建立起两个出国留学体系:深圳中学的出国体系,以及北大附中的国际部。

"你说的不知道是什么意思?"我问她。

"其实,我也不知道。"

潘芳迪的声音低沉而且速度也快,我很难听清楚她说的话。

"我大概会申请十二所学校,然后选择一所最好的而且愿意给我奖学金的大学。目前,我正在专心背SAT的单词,准备SAT考试。"

这个答案真实且直接。事实上这是百分之九十九的美国学生在申请大学时会做的事情。同样也是我申请大学那会儿所做的事情——然后我就进了耶鲁。不过在耶鲁的学习经历以及后来事业上的失利让我强烈地意识到这种做法是错误的。

"在申请大学前，你需要了解每个大学的优势和特点，然后选择一所真正适合自己的学校。"我告诉潘芳迪，"这关系到你人生中宝贵的四年时间——花一周的时间了解不同的大学相信会是你们最有价值的投资。"

"没有时间去了解大学了，"潘芳迪说，"我们还有两个月就要提交申请了，没法从头再来。深圳中学的学生在过去四年里都是这样申请美国大学的，我们有拿全额奖学金进普林斯顿大学、哥伦比亚大学和布朗大学的。我们不能重来一遍，这根本不可能。"

我简直不敢相信自己的耳朵——她竟是在和我争论。我努力尝试着回忆起上一次我见到中国学生敢与长辈争论的情形。当过记者，也曾是纪录片制片人的我，这些年来见过也采访过上百名中国学生，他们给我的印象永远都是一成不变的乖巧和顺从。我最后一次见到学生敢于为自己的观点辩论的时候——也是我第一次碰到他们的时候：在北大附中。

"你知道你为什么想去美国念书吗？"我问潘芳迪。

"因为我知道我不想在国内念书。"潘芳迪回答我说。

"好，不过你怎么就知道美国大学比中国大学好呢？"我问她，"你知道我在你这个年纪的时候不懂什么吗？我不懂原来大学的经历是需要自己创造的。我感觉你并不知道到了美国之后要面临如何的挑战。你知不知道如果你对美国文化没有正确的了解，在美国大学里你会有多孤独、多郁闷吗？

潘芳迪低下了头，想藏住她那气红了的脸颊。那天之后的许多个星期里，潘芳迪都一直在抱怨我是多么地粗鲁、多么地令人讨厌，并宣称再也不和我说话了。而我则相反，我反倒喜欢潘芳迪——她勾起了我和北大附中的孩子们许多美好的记忆。

当王铮校长带着我在深中参观得越深入，我就越感觉深中很像

当年的北大附中。不同于把学生们都关在教室里背课文的传统高中，深圳中学的学生在课外活动上所付出的精力似乎比在课内要多。他们组织社团活动、表演舞台剧和音乐剧；为了举办篮球赛和足球赛，向麦当劳和中国电信拉赞助；玩"跑酷"，然后在学校里上蹿下跳；开会讨论制定新的学校章程等。当然，他们也喜欢做年轻人都喜欢做的事情，比如聊八卦和谈恋爱。王铮校长把北大附中的文化与精神带来了深中，激发了学生的求知欲与创造力，为他们营造了一个活跃、多元化的校园氛围。在这种鼓励学生自主发展的氛围下，深圳中学这一批本已是最优秀的学生更是超群绝伦：从深圳中学毕业去到北大、清华的学生数量位居广东省之首，同时深圳中学也不乏拿全额奖学金进入普林斯顿大学、哥伦比亚大学和布朗大学的学生。另外，深中还拥有全国最优秀的高中合唱团，以及广东省最顶尖的艺术和音乐教学体系。

"美国大学喜欢深中学生的活跃与独立。"一天晚上，王铮和我一起喝粥的时候他这样告诉我。十年前在北京，我们爱边吃火锅边聊教育。十年后在深圳，我们喜欢在喝粥的时候聊同样的话题，热情不减当年。他告诉我，尽管他的改革让学校变得开放而活跃，可同时也招致了许多压力。老师们不满王铮以学生为中心的改革，而家长们也同样忧心忡忡。在一个为了激发学生潜能，充分给予他们自由度与资源的校园里，一定也会有学生无法好好把握这些自由与资源，最后终将落于人后。这也是为什么在深圳越来越多的家长不选择深圳中学的原因。

"很讽刺，是吧？"我告诉王铮，"家长总是担心孩子会落后，可是哪怕他们给予孩子一丁点儿的信任，这些孩子都会是成功的。"

王铮是在"文化大革命"时期长大的。那时候他那当教授的父母成日困身于阶级斗争中，所以他们除了信任王铮能自己懂事以外别无选择。事实上，王铮的父母也曾仅有一次想把自己的想法强加于他——那是在填报高考志愿的时候。作为北大附中的学生，王铮自然钟情北大校园里开放进取的文化氛围，可他的父母则希望他能去清华攻读工程。他们在饭桌上大吵了好几回合，最后以王铮的妥协告终。填报高考志愿的前一个晚上，王铮和他父母都彻夜未眠。但第二天天未亮，他的父亲就来到了北大附中，告诉王铮让他做自己认为是正确的决定。

如今作为一名教育家，王铮想给学生们同样的自由与信任——但是现在中国的家长只期望看到高分数，至于这些孩子为了满足他们的需求要付出怎样的代价，他们却毫不关心。

"那些想把孩子送到国外读书的家长很支持我们在深圳中学所做的事情。"王铮告诉我。

换言之，这个新的出国趋势就是我和王铮一直在寻找的、可以帮助我们实现共同的教育理想的契机。在高考体制下，我们的改革只能如蜻蜓点水般的浅尝辄止。然而，如果能让更多的深中学生走进常春藤，那王铮校长的教育改革便能得到认可，从而为他培养学生的独立精神与提升学生群体的多样性争取更多的空间与自由。

"我们需要有你这样的背景与经历的人来帮助学生们申请美国大学。"王铮说道，"和潘芳迪的交流，你也能看出其实他们对美国大学一无所知。"

这个提议让我为之振奋。我可以想象到像潘芳迪这样的学生，假如能获得正确的建议与指导，他们是有能力进入耶鲁或哈佛的。可随之我也想起了自己在多伦多那段痛苦的童年，以及在耶鲁度过的孤独岁月。当时的我完全没有做好迎接这两段经历到来的准备。尽管最后我凭借自己的毅力将它们创造性地转化为自己的学习经验，但我真的不希望有任何一个中国学生会重蹈我的覆辙。

"就算正确的建议可以让潘芳迪进入耶鲁或哈佛,她也完全没有做好去美国读书的准备。"我说,"她的写作技巧以及对文化的包容程度还不足以能帮助她在美国大学里获得成功——她有太多需要准备的了。"

"那你有什么想法?"

我有什么想法?好久没有人问过我这个问题了。但是当王铮问起时,我的脑子里突然迸发出了好多点子。连我自己都未曾发现,原来我的想法还真不少。

"我们需要为潘芳迪这样的学生建立一个特殊的课程体系。"我激动地说,感觉浑身上下都被注入了新鲜的血液与能量:"我们需要邀请一批富有热情的、从常春藤盟校毕业的年轻人,通过开设有如美国大学研讨课这样的方式为学生讲授经济、文学、心理及人类学等科目。这只是学术方面——除此以外,我们还需要培养他们的社会技能。我们要建立一个体育健身项目帮助提升学生们的自信,这也能让他们拥有更多与美国学生共同的爱好——美国人大都热爱健身和体育锻炼。对了,还有团队合作能力。我们需要开设一些课外活动来教会学生们如何在一个团队里与人一起工作。团队合作是美国人自他们上学第一天起就开始在做的事情,而中国的学生却似乎没有真正学会过。

王铮点了点头,他认可我说的每一条建议。事实上,我提到的所有东西——大学研讨课、体育健身项目以及团队协作的活动——都是他一直梦想着能在学校里建立的东西。这也就是说,我们准备借着出国体系这块小实验田将我们的想法付诸实践,看看最后能否把这些想法推广普及到整个学校的教育中去。

"不过我们要怎么建立这样一个体系呢?"王铮问道。

"这是比较复杂的环节。"我回答说。

那天晚上我失眠了。我在床上辗转反侧，苦思冥想到底要如何把这个体系变为现实。我能把它建立起来吗？这可能吗？曾经，我也和现在一样陷入过看似无解的处境。16岁那年，有一天我突然决定了要进常春藤，于是凭借着自己的想象力与信念最后得以进入耶鲁。也同样是因为这份想象力和信念，我去了北京，当上了一名教师。可我现在都已经32岁了，似乎已经好久没有想象或相信过什么事情了。

事实上，我并不急着得到一个答案。我很享受和深中学生在一起的时光。潘芳迪不和我说话，可是我和她的许多挚友却成为了好朋友。其中一个就是金小异，一个和潘芳迪性格截然不同、沉稳内敛的女生。她们俩看似两个极端，但却能成为最好的朋友。金小异也打算出国读书，并且她对教育也十分感兴趣。我和很多人都提及过我想建立一个出国体系的想法，而她是整个深圳中学里唯一不觉得我是疯子的人。对于如何改善深圳中学，她也有自己的想法。其中一个便是建立一个出国留学中心，为有志出国留学的学生们提供一个相互交流的地方。王铮校长已经同意了这个提议，现在金小异要做的就是找到一家装修公司把出国留学中心建立起来。

"我有一个更好的主意——要不干脆自己设计自己装修吧。"我告诉金小异，"我了解中国的装修公司——又贵，又没有创意。或许你们能做得比他们更好。"

"你真这么想？"金小异诧异地问道。

实际上我也不知道她和她的同学能不能做得来——但是试一试又何妨？学校本来就应该是学生们的一片试验田，一个让他们可以挑战自我、发现自我潜能的地方。

"我相信你们一定可以很出色地完成任务。"我自信满满地说。

第二天，金小异和她的同学就开始在网上搜索各种设计图，然后跑

去宜家家居店挑选家具。

接下来是周业然。他高高瘦瘦的，长得一副宅男模样。他似乎从来不吃东西，也从来不洗头。他的笑声又傻又响亮，虽然他能说一口流利的英语，但因为那是看美剧学来的，所以听起来也着实够叫人心烦的。他看上去像是个懒人，但实际上却是我见过的最用功的学生之一。有一天我碰到他在摆弄一台摄像机，于是上前问了他在做什么。

"我在拍一部电影。"他告诉我。他在初中的时候拍摄过音乐短片，现在打算去美国学习电影制作，将来回国当一名电影导演。

"我以前是拍纪录片的。"我回应道，"能让我看看你的剧本吗？"

我快速扫了一遍剧本。即使我的中文并不好，可我也能看得出来那剧本纯粹是在胡扯。

"你觉得怎样？"周业然问我。

"你有想过拍纪录片吗？"我问，"那个很好玩，因为你不用剧本就可以开拍。"

"那我该拍些什么呢？"周业然继续问我。

"金小异和她的同学正要去宜家买家具，然后开始创办一个出国留学中心。"我告诉他，"不如你去拍拍她们？"

于是，周业然就带着他的摄像机和金小异以及她同学一起去了宜家。

在与金小异和周业然交流过后，我发现我很喜欢帮助学生规划他们的时间。可是深中大部分的学生都只知道背SAT单词和做SAT的模拟题。

"这种学习方法是错误的。"我告诉他们，"如果你们想提高SAT分数，那就应该去学校图书馆借英文的原版书来看。"

"可是我们学校的图书馆没有英文书。"他们都告诉我说。

"嗯……我想我能很快地解决这个问题。"我兴奋地告诉他们。

我的确非常兴奋。关于书这东西我还真的了解不少,而且我也一直期盼能建立一个属于自己的英文图书馆。我跑到当地的书店,一口气买下了所有的英文书,后来又上网从亚马逊上订购了不少。很快,我的房间里就塞满了各种英文书。我没有书架,所以我就把他们暂时放到桌子上、沙发上,或者直接堆在地板上。在我搭建完了一个简易的图书室后,我开始到处找学生——每见一个就抓住一个,然后把他领回我的宿舍。

"告诉我你喜欢读什么书。"我忙着推荐,"你喜欢读科幻小说吗?或者虚构类的书?还是非虚构类的书呢?你最喜欢哪个作家?你之前有没有读过英文书?"

在大概了解了他的英文水平和阅读喜好之后,我便在乱糟糟的房间里四处走动,精心地为他挑选一本适合他读的书。对我来说,仅仅把书交给学生让他们读是不够的——我得确定他们不仅在阅读,而且还在享受阅读。

"书读得怎样啦?"在校园里漫步时我常问碰到的学生。

"挺好的。"学生答道。

"你上次就是这么回答的,没有新的内容吗?"

"上次你问我好像才刚半小时之前的事情。"

"半个小时足够你读至少20页的书了。"

"但我有作业要做啊。"学生嚷嚷道。

"我问你一个问题——你想去常春藤吗?"

"想啊,我们都想。"

"好,如果你们想去常春藤,那么你们就得靠读书读进去——至少每两周一本书。只有这样你们或许才有点机会。"

第三章 新的旅程——深圳

确实，学生们都觉得我挺烦的，不过我的坚持终究也有了回报。他们SAT的成绩提高了，因为英文阅读迅速地提升了他们的词汇量和阅读能力。但更重要的是阅读正在启迪他们的思想。有一天当我走过自习室的时候，我发现学生们不再趴在桌子上背SAT单词，或是两眼呆滞地盯着SAT的模考题了，他们一个个坐得笔挺，全神贯注地在读约翰·史坦贝克、海明威、F·斯科特·菲茨杰拉德、罗尔德·达尔和茱迪·布伦的书。我理解自己眼前所看到的一切：学生正在走进书中的世界，而书里的内容也正在悄然地渗入他们的思想。阅读是人类知识的开端，所以当我看到这么多年轻的头脑正在一点点接受启迪时，内心洋溢着的那份激动让我无法平静，我迫不及待地把王铮带到自习室门前。当他看到这些学生脸上平静又严肃的表情时，他也深深地为阅读给学生及整个学校所带来的变化而感到惊奇。

与此同时，金小异和潘芳迪订购的宜家家具也终于运来了学校。她们俩在校门口前等着，而周业然则在一旁拍摄。

"站在这里拍一群不愿入镜的人，你不觉得累？"潘芳迪一边说着一边盯着镜头，看上去很厌烦。

"我不知道——反正我还没碰到过谁不愿意上镜头的。"周业然说着又把镜头对焦到潘芳迪那张烦躁的脸上。

"嘿，看——宜家的车来了。"金小异正说着，一辆小型蓝色卡车便缓缓地停在了校门口。周业然立刻把镜头对准了过去。

车上跳下来四个人，把几十个箱子从车上卸下后堆在了地上。之后他们跳回了车里，准备离开。

"这些箱子怎么办啊？"金小异问，"你们不是要帮我们把家具组装好的吗？"

"不，我们只负责送箱子。"卡车司机告诉金小异，"你们得自己装。"

"可是我们不知道怎么组装啊。"金小异急了。

"箱子里都有说明书。"司机说完就把车子开走了。

金小异突然变得焦虑不安起来。

"这箱子太多了啊——我们该怎么办?"她问潘芳迪。

"我们自己装。"潘芳迪斩钉截铁地说。

"可是有很多啊。"

"那我们就慢慢装。应该会挺好玩的。"

当潘芳迪准备开始搬箱子时,她突然转头直勾勾地盯着周业然的镜头:"周业然,你这辈子或许还是能做一件有用的事情的,那就是过来帮我们搬箱子。"

"不行。"周业然立马回应,"我是拍纪录片的——我观察事情,但不做事情。"

随后金小异和潘芳迪就开始把箱子往出国留学中心那里拖,而周业然则在一旁不停地拍摄。在出国留学中心的门外,他们拆开了箱子,取出了里面的木件、螺丝和说明书,然后开始把木件一件件地拼接在一起。这时,有几个同学路过。

"你们在忙什么?"他们问金小异。

"我们在组装宜家的家具啊。"金小异继续忙着手上的活。

"看上去好像蛮好玩的。"他们说,"是这样吗?"

"好玩得很。"潘芳迪告诉他们,"想不想一起?"

随着参与进来的同学不断增多,周业然的摄像机捕捉到了金小异脸上表情的变化:她渐渐露出了那亲切轻柔的笑容。潘芳迪则坚持了她一贯的行事风格,在组装咖啡桌和书架的时候全神贯注、面无表情。有些同学懒得读说明书,或者压根没读懂,结果组装出了只有三条腿的椅子。大家看到后都哈哈大笑,然后又再一起把椅子

第三章 新的旅程——深圳

恢复应有的模样。

那天晚上,王铮校长和我参加了出国留学中心的开放仪式。学生们在他们那崭新又温馨的出国留学中心里互相拥抱,兴奋地频频鼓掌。房间被粉刷成了鹅黄色,里面有着书架、咖啡桌和沙发,看上去就像一个温暖的起居室。

当我看到学生们脸上的笑容时,我想起了北大附中的学生曾经告诉过我,北大附中的一砖一瓦都是北大的教授和学生们一起堆砌起来的。这大概就是北大附中的精神和文化吧——任凭烈日当头照,同学老师们可以一起奋力挖坑、凿木头、混水泥。所以每当他们看到学校的一草一木时,他们会萌生特有的情愫,因为这全是他们用汗水共同创造出来的。而这也将会是我们建立深圳中学出国体系的方式——师生共创未来。

当我把这个想法告诉大伙儿时,周业然持怀疑态度,金小异虽然兴奋可心里却没谱,而潘芳迪……她依然拒绝和我说话。

"为什么行不通呢?"一天午饭的时候我问周业然和金小异,"深中的学生能管理自己的社团,也能组织自己的活动。是你们用自己的能量和热情让这所学校运转着。现在我们所需要做的,只是把这股能量投入到建立出国体系当中去。"

"但是其他学生为什么要帮助我们建立出国体系呢?"周业然问我。

"因为深中的学生都热爱深中啊。你们正在创造的是这所学校的未来。"我说道,"我的提议将会是深中下一阶段改革的核心。如果我们成功了的话……"

我们能成功吗?虽然现在我知道了该怎么建立出国体系,可是我却对成功的概率没有把握。曾经的我对任何事情都自信满满,可如今我远没有以前那么自信了。但话说回来,即使最后我们失败了那又如何？我们是一个学校，如果我们连在学校里都不敢为梦想去尝试和拼搏，那以后我们还能在哪里敢于有所作为呢？

"如果我们做到了，那我们就会得到全国乃至国际上的认可。"我说，"这个课程体系将会帮助学生们进入常春藤名校，而它们则会培养出中国下一代的思想家和企业家。还有，参与建立这个体系的学生一定都会被常春藤名校录取的。你们难道不知道吗？这种企业家的先驱精神会让你们的大学申请脱颖而出——帮助我，也就是在帮助你们的学校，帮助你们的大学申请。"

"能为深中出一份力对我来说已经足够了。"金小异回答我说，"那接下来我们要做些什么？"

"目前的计划是我们要在2009年9月之前建立起一个完整的出国体系。"我把想法告诉他们："现在是12月，所以我们还有9个月的时间。等到明年3月份的时候，我们要邀请一批常春藤的毕业生来这儿访问一周，在这期间让他们为你们讲授大学程度的研讨课。在那一周里，我们就能挑选出我们要聘请的9位老师，这也是为我们的新课程体系开出先路。另外我们还有一些装修的工作要做。出国留学中心你们做得很棒，接下来我们还得继续搞设计和装修。我们要把一些教室翻修成小班氛围的研讨课室，让老师和学生们可以围坐在一张大圆桌旁相互交流。我们还要建立一个英文图书馆和一个只提供健康食物的学生食堂。之后，我们要开一间咖啡屋，还要成立深中日报社。"

"咖啡屋？日报？"周业然边说边摇头："这些都是什么？你之前可从没提过。"

"我每天都有告诉你我的新想法，大概只是你没有认真听而已。"

"这相当有可能。"周业然发出了他那又傻又响亮的笑声。

"还有其他事情需要做吗？"金小异看着我。

"我们还需要成立一个行政办公室,聘请一些工作人员。"我告诉她,"当那9位常春藤的老师到位后,我们需要有人帮助他们办理工作签证、找住处和处理后勤。行政办公室还会协助学生们申请常春藤的名校。"

"有这么多事情要做呐。"金小异瞪大了她的小眼睛说,"那我们现在就得开始忙起来了。"

"你真的觉得这一切行得通吗?"周业然冷不丁地问。

其实我也不知道,形势似乎并不乐观。在中国,我的计划或许太大、太新颖了。我没有过成功的经历:写书、拍纪录片均以失败告终。可或许这次梦想能够实现。毕竟我有一个像王铮校长这样开明的领导支持着我,我也找到了一群志同道合的学生和朋友。的确,我们没有经验,没有专业背景,没有资源,也没有关系。可是我们有着丰富的想象力与坚定的信念,我们还有彼此。在碰到他们之前我并不知道,其实我这一生都在寻找像王铮、金小异、周业然和潘芳迪这样的朋友——只要我们一起努力过,成败就变得不再重要了。也许我之前一直失败就是因为我没有一个团队。对,形势是不容乐观,但我们一定会把事情做成的——我不想再当失败者了。

"行得通的。"我的语气里透出了一股许久没有过的自信:"必须行得通。"

# 第四章 筑梦

2008年我刚到深圳中学不久后,在9月下旬的某一天,我面试了每一位想出国留学的学生。其中有个学生叫孙中靖,他是一个只要一傻笑就会露出牙箍的高个子高一男生。

"你为什么想出国?"我问孙中靖。那是某个周五下午的1点10分,之前我已经花了一整个星期问学生们一些基本的问题,然后不断得出相同的答案。甚至孙中靖还没有开口,我就已经可以猜到他的回答:他想出国是因为他不喜欢中国填鸭式的高考教育体制;或者是,因为他的父母觉得一个常春藤的学位能让他在华尔街找到一份好工作;又或者是,因为进入一个好的美国大学比进入一个好的中国大学更容易;再要么就是因为这所有的原因所以他要去美国读大学。

"因为我想当一名厨师。"孙中靖傻笑着,露出了他的牙箍。

"你想当厨师?"我斜着脑袋,扬起双眉饶有兴趣地看着他,"让我来理清一下思路。你想要你父母在这四年里,每年花50 000美金供你学一些每年最多只能挣1 000美金,而且有一半中国人不用学就已经会了的东西?如果你想当厨师,为什么不直接去找个师傅跟着学?为什么你要去美国学当厨师?"

"我想当一名好厨师。"孙中靖继续露出他那经典笑容。

那天夜里,孙中靖傻笑的样子不断在我脑海里出现。没错,他的想法和他的笑容一样傻气,但至少那是他自己的想法,而不是他父母的。至少当他的同学们都习惯走爸妈为自己早已铺好的路、随波逐流的时候,他还保有对学习和生活的热情。至少,他没有想当一名理发师嘛。

第二天我找到了孙中靖,"你真的想当厨师?"我问他,"你确定?"

"是的,我一直都想当厨师。"孙中靖回答,"我从小就开始这样想了。"

"为什么?"

"我觉得烹饪是一门艺术,就像舞蹈、音乐和画画一样,是一种表达自我的方式,它也能让我为身边的人带来快乐。"

"我不知道你有多认真。"其实我心里很想拒绝我所听到的一切,"不过我这有个机会能让你向自己、向我证明你到底有多认真。我要开一家由学生管理的餐厅——你有兴趣吗?"

"算我一个!"

"就这么定了。"我说。

当我告诉王铮我想建立出国体系的时候,我就清楚团队的重要性。一方面是因为我听说许多美国大学的招生官大都认为中国学生缺乏团队合作能力。但另外更重要的是我认为自己之所以屡遭失败,正是因为我从没有认识到合作的重要性。上学对我而言就是一项独立的活动，而我正好擅长考试与写文章。但生活终归是由一系列需要与人协作才能完成的活动组成的，可是学校教会我的，却是我可以忽略那些分数比我低的人。我不希望学生们再走我的旧路，所以我想在深中多开设一些能提升学生团队合作能力的活动。

为了满足他们广泛的兴趣，我开展了三项活动：为有志成为企业家的学生创建了一个由他们自主运营的餐厅；为希望成为作家和记者的学生创办了一个中文日报社；为想提高英语写作能力的学生创立一份英文月刊。

这些活动之间其实都有着共同点。首先，它们极具挑战但费时耗力，所以学生们必须要通力合作才能成功。其次，这些活动都有及时的反馈机制：学生可以通过餐厅的收益来评估自己的表现；刊物的发行量则能考核学生在日报和月刊的投入与专业度。最后，如果学生在这些活动上投入越多，他们对这份工作就会愈发熟悉、擅长，而这种擅长是永无上限的，因为所有这些活动都没有给学生设定具体的目标。

起初，我以为自己能猜到哪个活动会办得最成功。我认为最快见效的肯定会是餐厅，因为人人都没法抗拒金钱的魅力。他们越努力工作，赚的钱自然也就越多。而日报，因为投入大却没有薪酬——所以我觉得它的成功率极低。尽管这听起来很有道理，但事实却是日报很快就在学校内名声大振，而学生餐厅反倒是困难重重。

学生餐厅遭遇挫折，很大程度上是因为我低估了开办一家餐厅的难度。我们才发现原来开餐厅是需要政府颁发营业执照的，可卫生局不愿意为我们发放执照。所以，我们打算改开一家咖啡屋。"不过这里没人喝咖啡，"孙中靖告诉我，"我们都只是高中生。"

"那我们就做饮料。"我说，"在西方，咖啡屋是一个为有创造

力的人群提供思想分享与交流的地方,就像论坛一样。深中的咖啡屋也应该是这样——一个能让学生们自由畅谈、讨论想法,一个满载创意的地方。我们提供这样的服务应该会挣不少钱。"

为筹建咖啡屋,我把24名学生分成了三组。第一组负责咖啡屋的设计和装修,为此他们几乎走遍了深圳和香港的所有咖啡馆;第二组负责提供服务,因此这些学生都分别到深圳不同的咖啡馆或餐厅里当实习服务员;第三组负责做果汁饮品,所以我们也专门邀请了专业的厨师到学校为他们培训。而整个过程中,三个组的学生需要一起协作,对筹建、运行咖啡屋的成本开销做出一份预算。

"学校会出资把咖啡屋建起来,然后免费租给你们——但是你们得自己买家具和冰箱这些设备。"我告诉他们,"你们每一个人都可以投资咖啡屋,而资金投入的多少则会决定你们今后的投票权和利润份额。"

尽管办咖啡屋是经学校批准筹办的活动,但我还是想让这个活动尽可能地贴近现实,所以我打算让学生们自掏腰包。投资的风险会鼓励他们全心全意地投入到活动中,就像那群出国的学生因为自己付出了辛勤的汗水,所以会对出国留学中心备感珍惜一样。

可是学生们不愿意投入自己的零花钱。

"嗨,我们只是需要你们每人投入几百块钱而已。"一次周会的时候我这样对他们说,"你们参与这个活动是因为你们想成为企业家。而企业家们都清楚,要赚钱首先就得先花钱。"

我意识到学生们不想投资的原因可能是因为他们对咖啡屋没有信心,其实这也正常。眼下咖啡屋的建设比原计划滞后许多。理论上在2009年2月就应该完成了,可到了4月仍旧没有竣工。我们必须要抓紧时间把屋子尽快建好了,只有让学生们真正地走进现实中的咖啡屋里歇息闲聊,才能唤回当初他们对建立咖啡屋的那份热情。

可是无论我和设计组的学生们一起投入了多少时间，他们的方案要么过于复杂，要么成本太高昂。我感觉他们似乎认为自己是在上一门艺术实践课，而不是真正地在做一份商业装修计划。"我们在创建的是学校的咖啡屋。"我没好气地说，"而不是利兹卡尔顿的顶层套间。"我开始觉着有点紧张了。在决定建立国际体系后，我和周业然、金小异试着争取吸引更多的学生领袖加入。但是他们好像都在忙着准备 SAT 模考和自己的社团活动，比如模联和学生会。所以我们三个决定干脆亲自上阵，可我们也发现自己很快就精疲力竭了。除了要拍摄纪录片外，周业然还要管理英文杂志：他负责学生媒体中心的设计与装修，同时还得培训编辑组和记者组的成员们。而我和金小异则忙着张罗外教和行政人员的招聘工作。

周业然和金小异再也没有足够的精力来推动咖啡屋的进展了。三个组的同学成天争论不休，总是学不会平心静气地交流与合作。这种氛围让周业然感觉很受挫，而金小异更是没有足够强硬的手腕能让咖啡屋的同学都听命于她。此时的咖啡屋需要一个能力排众议，雷厉风行的人。

我想，也是时候要找潘芳迪谈谈了。

在找她之前，我对自己的说辞进行了轮番练习，因为我知道要拉她入伙可没那么简单。潘芳迪同学，你想进入常春藤吗？你想帮助深圳中学成为中国教育改革的先锋吗？你想帮助你的学弟学妹们成为中国未来的企业家吗？想？那太好了，我不得不说你的运气很好，因为现在有个咖啡屋的计划能为你的大学申请增色添彩，能为深圳中学的学生创建一个富有创造力的场所，同时还能让你获得宝贵的工作经验。

可事实上，一想到潘芳迪那冰冷的眼神我就打怵。自打第一天起她就不喜欢我，这么些天过去了，她对我的敌意仍是一分未减。

第四章　筑梦

可看到她帮助建立出国留学中心时的做事风格，我就知道她是一个有毅力能坚持完成任务的人——她的同学都叫她"超女"。好吧，咖啡屋的计划已经到了生死存亡的关头，急需一位"超女"用她的超能力来拯救它。

在三次深呼吸后，我终于鼓起勇气推开了出国留学中心的门，径直朝潘芳迪走去。

"嘿，潘芳迪，近来可好？"我假装轻松地说着，缓缓走近正坐在沙发上看书的潘芳迪。潘芳迪显得极不耐烦，她不停地调整着自己的坐姿。我知道自己有整整两分钟的时间可以进行演说：其中一分钟是我讲话；而另外一分钟则是开始结巴——就像我在幼儿园时一样。

"我不想和你说话。"潘芳迪头也不抬地跟我说。

"好。"我说完立刻转身离开。

听了我的描述，周业然摇了摇头。

"她当然不会和你说话——她不喜欢你。"周业然幸灾乐祸地说。

"是的，我今天确认过这一点了。"我沮丧极了。

"你接近她的方式不对。"

"去接近一个讨厌我的人，你觉得还可以区分方式的对与错？"

"潘芳迪不需要被说服，我了解她——她是个工作狂。你就告诉她需要做什么就好，剩下的你就安心交给她吧。"

"真的？"我像发现了新大陆般雀跃，"就这么简单？你确定？不需要给她点鼓励吗？你是在说她只是因为喜欢所以才去做事吗？"

"没错，就是这个道理。"

"我觉得这没有道理。"说完我又摇了摇头。

"给我设计稿，我拿去给潘芳迪看。"周业然说。

"那些设计稿很恐怖——这帮孩子觉得自己是在造宇宙飞船。"

"我知道设计稿很恐怖——这才好。我把设计稿交给潘芳迪,然后她会先看。一分钟后,她会开始吐槽这设计稿有多糟糕。三分钟后,她会开始把图纸画得'祖国江山一片红'。十分钟后,她就会撕掉整个图纸,宣布自己来做一份。"

而事实就是如此。潘芳迪把咖啡屋的设计从宇宙拉回了地球。在她的策划下,咖啡屋的内部变成了一个客厅,而外部则成为了一个露天平台,平台正中有一棵遮阴避雨的大树。整个场所既简洁又时尚,很快就成为了深中学生休憩闲聊的好去处,也成为了热爱音乐的同学演奏乐曲的小舞台。直至今日,潘芳迪的咖啡屋依然是深圳中学里最吸引眼球的地方。

看到了实实在在一间咖啡屋出现在眼前,这下学生们开始愿意投入自己的零花钱了。

"我有些朋友想投资,可是不想在咖啡屋里工作。"孙中靖问我:"这可以吗?"

"不行,资本剥削那一套在这里行不通。"我断然拒绝了他,"咖啡屋是大家一起工作的合作社。"

我曾相信利润能让学生团结。可是当他们投了钱后,新的一轮争论又开始了。学生们觉得自己既然是股东,就不该大清早地跑去超市里当采购,不该放学了还得跑来当服务员,而且晚上还得留下来打扫卫生。

"我们想雇民工。"咖啡屋的学生这样告诉我,"如果能够尽量压低工资,我们觉得咖啡屋还是可以盈利的。"

"那我为什么不干脆炒了你们,然后雇一堆民工来管理咖啡屋?"我失望地摇了摇头。

除了潘芳迪和孙中靖,咖啡屋里的其他学生一点都不上心。我努力尝试着去理解他们,毕竟,他们还是孩子。他们有一堆的作业,

第四章 筑梦

有旺盛的荷尔蒙,还有SAT考试和大学申请。

但如果真是这样的话,那我就没办法解释发生在日报社里的一切了。2009年的8月,我和周业然建立起了日报社,我们花了一周的时间培训出国体系新高一的学生如何出版一期日报。

"这周末,你们就要发布第一期报纸了。"我告诉学生们。

"那第二期什么时候发布呢?"一个学生问我。

"发布第一期后的第二天。"我无奈地摇了摇头,"所以这才叫日报啊。"

要把学生训练到每天能一起工作,每天能出一份报纸,一周的时间似乎并不够。出版日报甚至比做咖啡屋的计划还要烦人。每天下午4点放学后,所有学生都会聚集在出国体系的媒体中心,开始用一个小时的时间讨论第二天报纸的内容。7点前,所有记者要做完采访、收集完故事开始写报导。到了9点,编辑和美编们则开始为报纸的两个版面进行排版,然后在11点前开始800份日报的印刷。第二天早上7点前,他们要到学生媒体中心取报纸,然后到校园的各个角落里分发给同学和老师。

日报是免费发放给深中师生的,这意味着所有的奔波与辛劳并不能为日报社的学生带来任何薪酬。

可是他们不仅在开学第一天就出版了第一期报纸,而且每天都按时发行日报。在第一期的报纸上日期登错了,类似的失误在第一周的报纸里频频发生。编辑们每天凌晨2点才能睡觉,记者和编辑之间也常常争论不止。可就是这一个多月的磨合,让他们彼此间的合作越来越有默契,甚至连记者和编辑都能很好地相处了,这即使是专业的报社也不一定能完全做到。在出版了第一期日报的一个月后,全国乃至全世界都有人在深中日报的网站上阅读孩子们写的文章。6个月后,日报的学生们又想出了一个绝妙的宣传方式:他们编写并刊登了一份免费的中考指南，为初三的学弟学妹们介绍该如何准备中考。后来，这份指南立即成为了全深圳初中学生的指定阅读刊物。

为什么日报和咖啡屋的效果会差别如此之大？

自从在耶鲁毕业后，我平均一周读一本书，而在建立出国体系的日子里，我每周也会读两本书。我想通过大量的阅读获得更多的新想法，提高管理效率，也希望能参透这场出国体系的实验过程中所发生的种种现象。有一本书——丹尼尔·平克的《驱动力》，一本简短的关于人类动机的书——让我大受启发，让我终于明白为什么不能获得报酬的日报学生愿意努力地工作，而有利益收入的咖啡屋学生却没兴趣干活儿。

要理解这种现象，我们首先要明白为什么我——以及这世界上百分之九十九的人会认为奖励能激发咖啡屋学生们的工作热情。原因其实很简单，就是无论在中国还是国外，我们的学习和工作都围绕着奖励而转。我们相信努力工作能挣到更多的钱，我们也相信好好学习可以获得更好的成绩。我们相信，只要工资和考试分数被抽离，所有的工作和学习动力也将不复存在。

但事实真是如此吗？如果真是这样的话，那我们该如何解释维基百科和开源软件的存在，还有那些因为人们的无偿奉献才得以发展的事物？我们该如何解释日报学生们愿意在他们的报纸上投入比做作业更多的时间？是什么在驱动着这群人？

在《驱动力》里，丹尼尔·平克有力地论证了这样一个观点：每个人都是由两个矛盾的自我中心组成：自私功利中心，它告诉我们人生是一个零和游戏，我们必须以牺牲他人的物质资源为代价来积累自身的物质资源；道德无私中心，它认为我们是团体中的一份子，团体越强大则意味着我们的生活会越美好。功利中心由类似金

第四章 筑梦

钱和权力一类的外界奖励所驱动；而无私中心则受到如对学习的热爱以及团体责任感一类的内在动因所驱动。这两个中心同时存在于人们的大脑中，因为我们需要针对不同的境况运用不同的思维模式。我们时常——但不是永远——在工作和学习时采用功利的思维模式，而对家人和朋友则使用无私的思维模式。可问题是，当这两个中心发生冲突的时候，功利中心总是会压倒无私中心——想想家庭或友谊有时候在金钱面前是多么不堪一击。

在书中，平克分别列举了两个关于功利中心和无私中心的例子。在第一个事例里，有人做过一项实验：举办两个为时一周的夏令营，营员都是一群视画画如生命的小学一年级学生。在第一组中，学生们被允许画一整周的画，而老师们则在一旁给予鼓励与建议。在第二组中，学生们同样画画，但老师们会给予画得最好的、画得最多的学生奖品。结营后，学生们都回到了各自的学校，此后研究人员对所有老师进行了跟踪采访。第一组的老师报告说学生没有发生任何的变化，而第二组的老师则报告说他们组的学生都不再画画了。

"如果我想让学生们画画，他们会要求我给出奖品才肯画。"老师们这样告诉研究人员。

第二个事例发生在以色列海法市的一家托儿所。由于海法市的交通繁忙，去托儿所接孩子回家的家长时常会迟到，他们一遍又一遍地向托儿所的工作人员道歉。不过一个道歉就足够了吗？毕竟托儿所是要支付工作人员加班费的。因此，有两个经济学家建议托儿所采取一些鼓励家长准时到达的措施——换句话说，就是对迟到的家长进行罚款。理论上，这个建议相当合理，但是在托儿所实施了这一举措后，却发现越来越多的家长迟到了。

这是为什么呢？据研究者推测，对于迟到这件事，家长们起初是以"道德无私思维"来思考的。他们把托儿所的工作人员当成朋友，只是有时候交通真的太拥挤了，所以才无奈迟到。而当罚款措施实施后，他们开始把工作人员看作是自己的雇员，也不再觉得需要道歉了——因为他们只要缴了罚款就可以走人。即使后来托儿所取消了罚款制度，家长们该迟到的还是迟到，而且再也不向工作人员道歉了。这个案例再次证明，从无私思维转变为功利思维是很容易的，而反过来却不然。

平克的这本书让我理解了日报的成功和咖啡屋的失败。咖啡屋的学生起初在"无私中心"的驱使下参与了这项活动。而当我开始引入利润和股份制后，他们大脑中的"功利中心"则取代了"无私中心"，结果他们就一个劲儿地想着怎样让别人卖力而让自己获利——于是争吵便不可避免地发生了。而在日报，团体感和共同努力的氛围让学生们愿意努力工作，就和当初金小异、潘芳迪以及她们的同学愿意帮助建立出国留学中心一样。平克的书也让我明白为什么愿意参与建立出国体系的学生会这么少。当初我告诉学生，参与出国体系的建立不仅是在参与深圳中学的建设，也是在帮助他们进入常春藤名校。我自认为这样的做法很聪明，其实却不具远见。我想同时驱动他们的无私中心和功利中心，结果却注定了只能让他们看到事情功利的一面。他们掐指一算，觉得花时间去做SAT模题比帮我翻修教室有价值多了，于是也就都不会现身了。

2010年2月，在一个例行的午夜"粥会"上，我告诉王铮我认为出国体系是一个失败的尝试。

表面上看，出国体系办得算是相当成功。到2009年9月份，我、周业然、潘芳迪和金小异都已经超额完成了我们计划中的任务。我们聘用了9个常春藤的毕业生来教授大学模式的阅读研讨课；我们建立了一个五千多藏书量的英文图书馆、一个提供健康食物的餐厅、一间咖啡屋、一个学生媒体中心还有若干个研讨课教室；我们

第四章 筑梦

创办了日报、咖啡屋和英文杂志等活动；我们开启了体育与健康营养项目；我们培训了一个四人的行政团队来处理财务、后勤和行政事务。甚至，我们还招收了12位初一的学生，打算把三年的高中项目拓展为六年的初高中项目。

尽管这一切看上去都非常不错，可我向王铮校长坦言自己的失败，是因为我最终没能创造出一个团结、合作、具有创造力的团体。事实上，出国体系的学生和高考的学生一样缺乏远见、功利心强、过于追求结果。的确，英文阅读提升了他们SAT的成绩，可那是通过看像备考指南那样的书做到的，所以他们没法发现阅读的乐趣。一旦他们考到了2200分甚至是2300分（满分2400分）的成绩，他们就会放弃阅读了。的确，他们也参与了不少活动，可是他们大都只是想丰富自己的个人简历而已。而最叫人失望的是这些想出国读书的学生之间会相互攀比GPA（平均学分积点）和SAT的成绩。

考进深圳中学的学生可以算是中国高考制度下的佼佼者，所以无论是高考还是出国留学，他们都惯用那种缺乏远见的、一味追求结果的功利思维去思考问题。读过平克的书，也见到咖啡屋和出国体系里学生们争论不休的情形后，我意识到我当初给他们定下以进入常春藤名校为目标的做法，压根是于事无补——甚至只能加剧他们的功利思维。

"所以你觉得你能做些什么呢？"王铮校长问。

"无计可施。"我说。功利中心一旦压过了无私中心，结果便不可逆了。

"我算错了很重要的一步。我应该就告诉学生们，他们的目标是学会热爱阅读，热爱学习，而不是去常春藤——我想我当初只是心里没底，也没耐心，所以想急着证明自己罢了。"

"如果再给你一次机会，你愿意重来一次吗？"

我愿意重新开始吗？在过去的 18 个月里，我甚至把自己的灵魂都投入到了出国体系的建设中去，我爱它就如同爱自己的孩子一般。可是我也犯下了许多错误，所以如果有机会让我重来，我自然愿意。在我眼中，出国体系与高考体系无异，所以我想继续和王铮合作，证明还会有更好的、而不是照搬高考体系的建立出国体系的方法。

"愿意。"我毫不犹豫地说。

"好，你或许还有机会。"王铮校长说着，道出了一个坏消息。由于王铮的改革引来过多的争议，所以深圳政府已经决定不再与他续签合同了。很快他又将回到北大附中，在那里继续延续他的教育改革。

"你愿意和我去北京从头再来吗？"王铮校长看着我。

其实他大可不必问我这个问题。因为没有他的支持，我根本无法建立起出国体系。当初纵然有许多老师反对，王铮还是力争说服了深圳政府为出国体系拨款。如果不是他的坚定与支持，我什么都做不成。我知道在中国乃至全世界，再也不会有一个像王铮这样的校长能一如既往地深信着我。

人生有时真的很奇妙：王铮和我将要回到北大附中——我们教育改革梦想的诞生地——去继续追逐当初的梦想。我成为了北大附中国际部的创始人和总监，获得了一次得以纠正的机会。可是这次我就能把事情做对吗？事情做对了又意味着什么？我必须问清楚自己这些问题，因为在深中的最后几个月里，我得知了周业然、潘芳迪和金小异的录取结果。虽然他们为创建出国体系付出了许多，但最终没有一个人能进入常春藤名校。周业然会去伊利诺伊大学香槟分校，而潘芳迪则会去威斯康辛大学麦迪逊分校——两个对中国学生而言几乎是只要能付得起学费就可以去的州立大学。而金小异甚至都没有去成美国。由于支付不起高昂的学费，金小异最后选择了

参加高考，进入了一所中国大学。听到这些消息我真的很伤心，他们曾是那么用心地建立出国体系。或许当初他们就该像他们的同学一样，专心备考SAT，然后考上哥伦比亚大学和普林斯顿大学。

我本以为金小异、潘芳迪和周业然再也不会想和我有任何瓜葛了，可是在之后的日子里，他们都以各自的方式帮我策划、建立了北大附中的国际部。

"我不在乎能不能进入常春藤。"金小异告诉我说。

"不在乎？"我惊讶地看着她。

"你比我更在乎。"金小异突然这么说。

没错。我真的是太想让他们三个都能进常春藤名校了。

"我只是想为深中出一份力。"金小异说："我来帮忙是因为我乐意，而不是想从中得到什么。"

当潘芳迪终于有理由来讨厌我的时候，她却发现自己原来还挺喜欢我的。她太享受建立咖啡屋的那段经历了，所以她也问我在北大附中的暑假有没有她可以做的事情。周业然说得没错：她做事情只是因为她享受做事情。不过有一天当我重读平克的书时，我发现了还有其他原因。

这部分在我第一次读的时候被遗漏了，内容大概是：平克认为创造力源于大脑中的无私中心，而有创造力的人会把创造的过程看作是对创造的回报。这就能解释为什么参与咖啡屋的建设对于潘芳迪而言是一种享受了——因为在建立咖啡屋的时候，她是富有创造力的。这也是为什么每到暑假她都会来到北大附中和我们一起建设国际部。

自2010年6月我去了北京之后，就和周业然暂时失去了联系。凭他的英文写作能力，他本该是所有深中学生里最有希望进入常春藤名校的学生，可是他却止步于常春藤门外。为此他大可以责怪是我让他分了心。然而那年的 8 月，在他大学开学的两周后，我收到了一封他的邮件，他在信中向我讲述了自己近来的收获：

来美国两周后，我开始明白为什么那么多中国学生在这里玩不转了。

中国学生在这里最大的障碍不是文化，也不是知识，甚至不是语言。而是他们总是把自己关在自己的小世界里，让自己被孤立和边缘化。一个中国学生或许能讲很流利的英语，也能在所有课程上都拿 A，可是如果你让他用英语去交朋友、尝试一种新的生活方式或是在课堂上提问，那他便会感到恐慌。对于中国学生来讲，太容易一直和中国朋友泡在一起了，成天到晚讲着中文，然后上着像数学和物理这样毫无挑战性的课程。

如今我意识到了在出国体系的那最后一年对我而言有多重要了。我学到最有价值的东西，不是领导才能也不是写作技巧，而是一种无时无刻挑战自己，让自己跳出自己的小世界，拥抱新鲜事物的意识。我在这儿的生活就如一张白纸般，让我可以做我想做的事情，也能不必拘泥于过去的形象，成为任何我想成为的人。我参加了瑜伽俱乐部（第一节课就上得很开心）；我在学终极飞盘；我在上美国文学的研讨课（我或许是课堂上唯一的国际学生），并且时常是推动讨论的那个人；我在和不同背景的同学来往：美国人、印度人、韩国人、非裔美国人等；我申请了校报的工作（我希望他们能录用我，因为我真的太想要做那份工作了）；大家管我叫"Joe"，"Zhou"或者是"Yeran"。

可是我也得承认，事情并不是就这么一帆风顺的。起初，用英文和别人交流是非常不自然的，也让我觉得特别难受（主要还是因为我不够自信），不过一周之后我已经交了不少朋友，自信心也大增。美国文学课的第一次阅读作业很难（是关于哥

伦布和约翰·温斯罗普的一篇阅读。我几乎对第四次远航与清教徒的价值观一无所知，也不习惯读那些通篇写着"thy"的文章），可是我还是咬着牙读完了，然后又在维基百科上了解了背景资料，才发现文章其实一点也没有看上去那么难。所以现在，在刚刚度过了漫长而又令人兴奋的第一周后，我想我可以说我还做得不错。

读着他的邮件，我突然想起了哈佛大学拒信里的那句话——去哪里并不重要，重要的是你将在那里做什么。没错，周业然是没有进入常春藤，不过他在出国体系里的经历让他学会了挑战自我、勇于创新——无论身处何处。

周业然的信让我更明确北大附中国际部的使命。周业然是在让我忘掉常春藤名校——因为那不重要。重要的是去做我认为正确的事情——激发学生们对学习的热爱以及他们的团体意识，提高自律自控的能力与自信心。只要做到这些，我相信不管以后他们走向哪里都会富有创造力，并能不断地挑战自我。这，就是接下来我们在北大附中国际部所做的事情。

# 第五章　回到起点

2010年那个酷热的夏天，王铮带着他的教育改革理念重新回到了它们的发源地——北京大学附属中学。当王铮在北大附中读书，包括后来在此任教那段时间，北大附中曾被誉为中国最好的学校。而今，王铮离开已有十多年了，北大附中的名声不复往昔。在王铮关于北大附中的记忆里，是他的班主任将诗歌与哲学带进了他的世界；同学们会用自己的午饭钱买门票，然后一起骑两个小时的单车到人民大会堂看歌剧。尽管如今的北大附中已不再是记忆中的模样，可王铮仍然一如既往地爱着它。他下定决心要重现北大附中当年的光彩，让它成为中国最先进、最开放的学校。

然而，他的雄心壮志并不止如此。他还致力将北大附中打造为一所国际性学校，让它在全球范围内得到认可与关注，让学生自信从容地活跃在世界舞台上。

在经历了深中教育尝试的种种经验教训后，我也

有了同样的远见与设想。当初建立深圳中学的出国体系时,我一心想把学生送入常春藤名校,以此来证明自己的想法是正确的。正因为我功利至上且目光短浅,我所创建的出国体系在本质上和我所一向痛斥的高考体制并无不同——它们都使学生变得自私自利、不择手段。而正是因为如此,我让那些信任、尊重我的学生们失望了。

后来我对美国大学有了更深入的认识。我走访学校,与招生官们会面,采访中国留学生——渐渐地,我对美国大学的幻想破灭了,因为美国大学同样急功近利、目光狭隘。大多数的美国大学——特别是诸如加州大学系统这类的州立学校——他们把中国留学生视为能刷高成绩的金主。对于他们来说,这意味着滚滚财源。大量中国留学生的入学同时也美化了统计数据——更多的申请人数,更高的平均成绩,更好的毕业率——这能帮助学校在美国新闻与世界报道排行榜上爬升名次。对于美国大学来说,这不过是一场生意、一种竞争。

到了2010年的夏天,我和王铮都清楚地意识到:如果中国想教育出具有创造力的年青一代,绝不能再指望那些自利的美国教育机构的帮忙——中国必须靠自己。当王铮邀请我在北大附中创建一个为期三年的私立教育项目时,我们决心将它打造成培养中国创新一代的试验田。在前无来者的情况下独自摸索,我们很可能会在这个过程中犯下许多错误,因此,我们需要把项目控制在小规模、容易掌控的范围内——每年最多招收30名学生——我们需要召集一群怀有同样胆识与远见的学生和家长。

招募志同道合的学生与家长是我们的第一个任务,也是最艰巨的一个任务。可北京市教育局在7月中旬才批准了北大附中国际部的成立计划,这让这个任务更加难上加难了。因为这意味着我们必须在一个月内招到第一批学生,组建团队,设计好课程,还得完成旧教室的改造与装修。不仅如此，这更意味着此时北京的初中毕业生们大都已经找好了高中，我们的大多数申请者之所以想加入，是因为他们不满意自己被二流学校的录取。

对于这些问题，我们并没有过于担忧。深中出国体系从想法转变为现实只用了半年的时间，而且在这过程中发挥着重要作用的三位同伴也与我一起来到了北京。2009年夏天我聘用了李红担任出国体系的办公室主任，她将在北大附中国际部继续掌管财务及行政工作。我雇用了应届毕业生陈诺斯为实习生，现在她将担任学生主管，做好老师和家长的联络工作。潘芳迪是深中的学生，现在就读于威斯康辛大学麦迪逊分校，暑假期间她也将回国协助我们。在我们四个人的努力合作下，北大附中国际部于2010年9月1日正式开学。

那么我们是如何招收学生的呢？所有公立高中的学生录取都看中考成绩——中考被奉为一种能公平准确地考察学生学习表现的评估系统。但我对此并不赞同。我认为一个学生的中考成绩并不能说明任何问题。首先，学生大多在十四五岁参加中考，这正是个人心智成长过程中最为混乱迷茫的时期。成熟较早的学生——其实就是女孩子们——明显比那些成熟较晚的学生更有优势。每个中国学生都会走向成熟，每个中国学生都有潜力成为顶尖学校的佼佼者，但是每个人又都有不同的成长轨迹——其中一些孩子因为遗传或家庭环境促使他们较早地成长，一些则较晚——这是个人无法掌控的。如果仅仅因为这样就奖励那些有幸得以成长较早的学生，我认为是不公平而且不科学的。除此之外，中考制度所奖励的大多是学生的数学能力，这明显是青睐那些逻辑性强和记忆力好的学生。但国际部的理念之一是鼓励学生的多元化，尊重那些对某样事物独具热情的学生，无论他所钟爱的是数学、写作、篮球或是嘻哈说唱。最后，中考在根本上是在检验学生是否能做到功利主义，是否能做到顺从，

是否能在三年间安稳地坐着读书，从早到晚做着试题。那些天性好奇而且具有创造力的学生必然会和中考对着干，所以也不会有多好的成绩。

正因如此，我并不觉得我们大多数申请者的低分成绩会是个问题。实际上，我认为这或许会是件好事。我所在乎的并不是要让学生在高考或 SAT 上拿高分——我想让他们成长为中国的创新一代，这需要看他们是否具有潜力能成为充满好奇且富有创意的合作者。要录取学生，我们要全面地了解他们。他们小时候是否喜欢读书？读过哪些书？他们是否旅行过？是否对学校以外的事物怀有兴趣？他们对自己有疑问吗？有问题想问老师和家长吗？他们能否和同学合作完成小组项目？他们是否有早睡早起的良好习惯？在麦当劳和蔬菜之间，他们会选择健康的蔬菜吗？如果把他们放在陌生的环境中，他们会害怕、难受，还是会迎接挑战？

为了在最大程度上保证选拔过程的公平与科学，我们决定举办三期为时一周的选拔夏令营，将国际部的教育理念浓缩其中。上午，学生参与由外教指导的英文阅读研讨课。每个班 10～15 名学生，他们环坐在圆桌旁，讨论阅读材料并相互提问——这是典型的西方课堂设置，中国学生大多对此感到陌生。下午，学生们将前往北大附中对街的一个健身中心进行 1 小时严格的有氧运动训练——中国学生的习惯通常是要避免流汗，因此这对于大多数人来说又会是一个挑战。运动结束后，北大附中的数学与科学老师会给学生们布置小组任务，让他们合作完成。而晚上的时间则留给面试和语、数、英的测试。

在此期间，陈诺斯和潘芳迪不仅要观察学生的课堂参与度，同时还会留意他们在宿舍、饭堂和健身房里的表现。我们对每一位学生都进行了面试，并在夏令营结束时，向每个学生出具一份 5～10

页的评估报告，总结该学生的优势与弱点，分析他是否适合在我们的项目中发展。

第一期的夏令营结束后，我们迎来了第一次实打实的挑战。在30名申请者中，我们只录取了3名。我们发现，有太多的学生仅仅是看中北大附中的名气才前来报名的，他们认为出国比高考容易。而我们希望自己的学生不但能了解我们的教育理念，更愿意为自己的梦想和激情付出努力。我们知道，第一周只录取三名学生会非常冒险，但同时这也是我们向外界发出的强有力讯号——我们不在乎是否能赚钱或者能否填满学位，我们要的是建立一个高品质的教育项目。

眼下我们真正要担忧的是：当家长们得知录取结果后，他们会作何反应？他们是否会动用关系来迫使我们改变主意？他们会不会大发雷霆，甚至威胁我们？是否会有家长拒绝离开，或是天天来学校围堵我们？

尽管我们对中考怀着种种质疑，家长们却始终把它当成一种公平、科学的测评方式，没有人会对白纸黑字的分数找茬。但我们的观察报告所给出的却不是分数——它仅仅是老师们和学生在一周的相处观察后所写出的定性评估。家长们大可拿着它与我们争论不休，而这正是我们所担忧的。

7月中旬的某个周五下午，仲夏天气正热，一群家长坐在过去一周里孩子们上课所用的课桌边。图书馆里宽敞明亮，空调把室温调节得很舒适。潘芳迪和陈诺斯忙着在课桌间来回穿梭着，小心翼翼地把一份份评估报告放在家长面前。我和王铮看到了家长们神色茫然的脸庞下难掩焦虑。而在接下来的十分钟里，他们开始阅读报告，一些家长用手指追着词逐字仔细读着，一些人还读了两遍。有些家长时不时地点点头，有些人脸上闪过一丝微笑，但大多数家长只是

坐在那儿面无表情。

十分钟的时间很快过去,王铮和我再次向家长们强调:录取结果绝不代表任何一个孩子的智力和才能水平。国际部的建立是一种激进的中国教育实验。我们不设班主任,所有课程也均为选修,这要求学生必须能做到自我约束、自我激励。我们不会拍着胸脯保证要把学生都送进美国排名前50名的大学——我们在乎的不是这些,我们旨在培养出一批具有创造力的学生。我们不会开设SAT或AP课程,但我们会向学生提供严格、高强度的英文阅读课程,促使每一个学生都全力以赴。因此,这也将意味着将会有学生掉队退出。这是参与这个项目所要承担的巨大风险,因此我们才试图通过夏令营来为我们挑选出适合这个项目的学生,从而尽量降低风险。

"请问各位家长还有什么问题吗?"我和王铮志忑不安地问道。

令人难以置信的是现场居然没有一个人举手。家长们并没有恼羞成怒地要求让自己的孩子入选,也没有指着我们的鼻子大骂我们有眼无珠。虽然我们拒绝了他们的孩子,但家长们在仔细阅读了那份5~10页的报告后,依然站起身对我们表示感谢,然后默默离开了那个冷气十足的图书馆,走入炎夏北京的滚滚热浪之中。一些家长甚至对我们说,他们会向同事和朋友推荐国际部。

招募第一批学生其实远远不用这么费力,可我们仍下足了功夫去举办选拔夏令营。而那一天的事情向我们证明了这一切都是值得的。和所有人一样,中国家长相信并且渴求公开与公正。在那5~10页的报告中,我们细心具体地记录了孩子们的种种表现:弄脏了房间却不愿意收拾;一觉睡醒早已错过了科学课;在数学课上不愿意和同学合作完成小组任务——这些家长们从报告中都能一一读到。我们是在客观公正的观察评价后,才做出认为他们的孩子无法适应国际部的判断。一旦家长们对选拔结果感到信服,他们便不会大发牢骚，而只能是道谢，然后离开，甚至想把项目推荐给朋友和同事。

正因为如此，随后的两期夏令营里我们有了更强的申请者。也是因为这样，最后当我们发出了31封录取通知时，有28名学生选择了加入。

选拔夏令营让我们认识到对家长开诚布公的重要性，所以在开学之后，我们延续了这个习惯——每周给家长们写一封信。国际部十分重视培养学生的英文阅读和写作能力，也注重发展学生的自信、合作精神以及学习热情——这些技能将会帮助他们成长为中国的创新一代。和中国其他国际学校或国际部不同的是，我们没开设SAT或AP课程，也不在乎学生最后能上哪所大学——或是否会上大学。可尽管我们在一开始就明确说明了这些理念，家长们还是难免会感到紧张和不安。再加上开学的第一周，我们还在不断地调整老师和课程安排。为了让家长们能安心，也为了坦诚地与家长交流我们这个项目的目标与局限，每周五下午，我都会向家长们写一封信，详细而坦诚地讲述国际部当下的进展以及存在的不足与失误。同时我们也把每周给家长的信放上了博客，这样中国的公众和教育者们也都可以了解到我们的试验进展。

我尝试着在信中做到最大程度的诚实。坦白说，其实第一学期我们所经历的失败和挫折比国际部的发展要多。

尽管我们花了大力气去招录我们认为适合在国际部发展的学生，可第一批生源的水平仍然和我们理想中的目标相去甚远。在国际部的发展未满一周年之前，没有人知道它究竟会是怎样，因此也难以去判断到底什么样的孩子才能在此茁壮地成长。再加上我们招生开展得晚，这导致我们最终只能录取到两类学生。大多数的学生是不满意自己所被录取的学校，于是北大附中的金字招牌让他们看到了转机，而这类学生的中考成绩并不好。除此之外，剩下的一小部分

第五章 回到起点

能自律自励的学生，确实也是因为认同我们的教育理念才选择入学的，这群孩子的中考分数很高。

我一向认为中考系统漏洞百出，但开学之后我也渐渐看清了中考高分学生和低分学生之间的差距——我不禁开始反省，或许自己对中考的看法是错误的。因为这两类学生的差距简直有着天壤之别。

其实要分别管理这两类学生很容易。深圳中学出国体系所招收的是全深圳最优秀的孩子，因此我很清楚什么样的课程设置能激励、挑战这样优秀的学生。至于其他学生……他们能在北大附中里学习和生活就已经挺高兴挺满意的了——他们原本就没有任何期待，因此也不会有失望和抱怨了。

可是当这两类学生相遇的时候，问题就接踵而至了。他们之间的差异让我们在课程设置和管理时备感艰难。

2010年夏天，刘一凝曾是北京市101中学实验班的一名尖子生。北京101中学是全市最好的学校之一，当时刘一凝已经被该校的高中部录取了。在一个周末里，刘一凝父母带着她和朋友去香山远足，而这位朋友的女儿则刚刚在国际部第一期的夏令营中被拒录了。听闻了国际部的教育理念后，刘一凝决定参加一期夏令营，亲自来看看国际部的葫芦里到底卖的什么药。

刘一凝在小学期间曾在德国学习和生活，当时她的父亲正在进修博士学位。德国的小学中午就可以放学了，也没有作业，因此刘一凝下午就会去学习花样游泳，然后再跑去图书馆阅读德语和英文书籍。每到暑假，刘一凝就会回国和爷爷奶奶待在一起，这是为了怕她遗忘了自己的母语。她从表哥表姐那儿得知，在中国，小学生要下午四点才放学，还得做作业直至夜深。对此她毫无概念，直到回国内读初中后才感受深切。她父母看着女儿在学校里整天闷闷不乐，于是决定把她送去美国读高中。初中的最后一年，刘一凝需要同时准备中考以及出国申请，她的父母从来没有见过她如此焦虑、如此不快乐——他们暗下决心再不会让女儿重复类似的经历。

后来，刘一凝被美国最好的私立高中之一 Cranbrook 学校录取了，但由于高昂的学费，她只能不情愿地去了 101 中学。她父母已经攒够了供她大学留学的费用，因此她也并不打算高考和 SAT 两手抓。7 月中旬的那个周六，当她听说了北大附中国际部的严格与大胆后，刘一凝决定参加我们的选拔夏令营。在被录取后刘一凝一心想入学，可她母亲却坚决反对。刘一凝已经考上了最好的公办学校，那儿的学生都和她一样的优秀。可是北大附中国际部却是刚刚成立尚未经检验，学生大都因为没有其他选择才会到了那儿——她愿意待在这样的环境中学习吗？

只是刘一凝不仅成绩优秀，她还是一个目标明确、很有想法的学生，她在做决定之前早就做足了功课。她上网浏览了深圳中学出国体系的新闻以及人们对它的议论与评价。出国体系有部分学生在这个夏天也来到北京上课，刘一凝就找他们长谈，详细地询问情况。在深入了解之后，她确信我和王铮是真正想要建立一个出色的教育项目，所以她决定要加入其中。

在第一个学期里，刘一凝和其他积极勤勉的尖子生们在国际部里如鱼得水，正和当时深中出国体系的学生一样。白天，我们为学生设置了富有挑战性的英文课程；晚上，我们向他们提供诸如日报编辑、戏剧表演这样好玩有趣的活动。他们对这种"自己作主"的感觉乐不思蜀——不再像以前一样总有妈妈或是班主任跟在身后喋喋不休。

可这样的学生毕竟只是少数。大多数学生面对着这样自由的环境手足无措，他们无法应对突如其来的众多期许。对于大部分学生而言，这是他们第一次离开家，也是第一次没了班主任的看管。不

第五章 回到起点

再会有妈妈或班主任盯着他们写作业,也不再有人晚上催促他们睡觉——这是解放,是自我赋权。而正值青春年少的他们,大多会滥用这种自由与权利。许多男孩子溜进同伴的宿舍整宿地玩电子游戏。当他们第二天来到教室上课时,个个都像僵尸一样面色苍白、眼睛红肿,他们中有很多人甚至在课堂上公然打起了瞌睡。而那些差点没昏睡过去的学生要么在做着白日梦,要么在摆弄他们手机上的游戏。老师们天天抱怨学生,学生的成绩也一落千丈,家长们更是整日提心吊胆、忧心忡忡。

面对这两种态度截然相反的学生群体,我们着实不知道该如何同时兼顾两方的需求。当我们加强管理监督时,刘一凝和她那群尖子生同学们就开始抱怨我们违背了国际部先进、开明的教育理念。当我们加大英文课程的难度时,基础差的学生就会责怪我们偏宠好学生。不管我们做出怎样的调整,总有一方不满意。为了在这两个群体间搭起平衡的桥梁,我们可谓是绞尽脑汁。

让优秀的学生之所以能脱颖而出的是他们的自制力与毅力。无论是在学校或是社会都会是如此。若想要在学业和人生中获得成功,你需要有充足的睡眠,能够按时出勤,并能完成老师或老板所布置的任务。换句话说,你的数学天分、考试能力、学历文凭、甚至是智商都不能决定你的成功——成功仅仅取决于你是否有能力把控自己的情绪,并能让自己的长远目标战胜短期欲望。这么看来,中考所检测的不恰恰就是这些吗?

刘一凝之所以在中考和国际部里都能表现优异,是因为她有很强的意志力。她能够做到在晚上11点前上床睡觉,早上7点之前起床,准时上课,认真听讲,并完成学习任务。她的同学之所以成绩不佳,是因为他们控制不了玩电脑游戏的欲望,因此常常通宵达旦,导致第二天上课迟到,在课上走神梦游,甚至连作业是什么都不知道。

眼下我们要解决的问题就是怎样培养学生的意志力，使他们能够克服恶习，摆脱这种恶性循环的状态，进入到正常的学习和生活轨道中来。为了要达到目标，我们进行了许多不同的尝试。我们让学生每天进行一小时的体育锻炼，因为在我阅读过的大量科学研究里都表明，长期规律的体育锻炼可以提高人精神上的自律。我们要求学生制定并记录自己每周的日程安排，如此一来他们便能意识到自己效率低下。我们也为此安排了一位宿舍管理老师，监督他们每天按时作息。

但事实就是，这些举措全都功亏一篑。优秀的孩子们在健身房里汗流浃背，他们尽情地锻炼，不断提高自我控制力、记忆力和注意力。而学习态度差的学生们则总是迟到甚至旷课，他们在体育锻炼上懒散又被动。在每周的时间管理表上情况也大致相同。前者认真以待，从中学会了让自己更合理有效地利用时间。而后者连自己每天所做的事情都懒于记录，到了周五要上交的时候就索性胡编乱造。好吧，如果你问我出动宿管这一招的成效如何？我只能说结果甚是糟糕。这次连这些优秀的孩子们也加入了"反叛"队列，他们痛恨在别人的眼皮底下生活，处处接受监管，于是开始想方设法地挑战宿管的权威。被挫败感整整折磨了一个月后的宿管毅然选择辞职离去。她走之后，学生竟然还睡得早了些。

这一个多月简直是把我的耐性磨灭殆尽，我从刚开始的灰心丧气进而变得愤怒难耐。我下定决心，一定要把坚强的意志力以及良好的学习习惯灌输给每一位学生。在我的英文课上，我很注重培养学生良好的阅读技巧。读书时，我会要求每个学生挺直腰板，并让他们用手指顺着每字每句地阅读，以确保他们不跳词、不走神。由于英语是音韵类语言，我还让学生们在课堂上要大声地念出所读的

第五章 回到起点

内容,这样一来他们就可以养成精读的习惯,由此提高对文章的理解与记忆。

但即便是如此简单的事情,学生们都没法正确掌握。在某堂课上,我向他们讲解英文短文的写作框架——每篇短文都应该有一个主题或论点,接下来就需要有三个论据来支持它。我们举了一个很简单的例子——"孩子看电视太久不好"——接着我们想出了三个论据——"看电视会上瘾","看电视浪费时间",以及"看电视伤害视力"。整整一个小时的课堂里我们都用来分析、说明这个论点以及这三个论据。到了第二天课上,我突然袭击——要求他们写下上节课所讨论的论点和三个论据。我想看看他们究竟有没有在专心听课。而那次小测只有一半的学生能通过。一整周的时间里我不断给出同样的测试,可即便如此,也总会有学生没法完全写出正确的答案。

一次次的测试,一次次的失望让我难掩气愤,我喝斥他们、让他们注意听讲,然后又一次下定决心第二天还要给他们同样的测试。事实是第二天的结果再一次让我心中无名火万丈。终于有一天我再也无法容忍地怒喝道:"你们这群无可救药的白痴!"

学习态度差的学生缺乏意志力,也没有良好的学习和生活习惯——这我可以理解。他们在课堂上不认真听讲、不做笔记——这我也可以接受。但我就是没法理解,更无法接受,尽管我已经把同样的测试重复了不下5次,他们怎么还是写不出正确的答案?难怪他们的中考成绩那么差。曾经那些中考分数给过我预警,但我却对之视而不见。

我之所以选择做教育,是因为我亲身感受到教育的力量,它足以改变人的一生。但现在我开始动摇了。我的一切努力似乎都不起任何作用。或许对我的学生而言,这一切都太晚了;或许是我高估了教育的意义；又或许是教育终究无法改变人的一生。

然而在一年之后，我却开始看到教育的力量正在逐渐改变着我的学生们，正如我当年所经历的一样。我忘记了教育是需要时间和过程的，我也忘记了自己本不该去责怪学生不留心上课内容——他们从小到大所处的教育体系告诉他们：上课用不用心都不要紧，只要能过了考试就万事大吉；可是如果考试没考好，平时课堂表现再好也没用。成绩差的学生正是这种应试教育体系下的牺牲品，他们渐渐变得漠然，因为老师都早已遗忘了他们。他们像流水线上的产品一样，上课认不认真都无所谓，考试成绩好不好也不要紧——他们只是被动地坐在传输带上被推着向前走的商品。

一年后，所有的学生都已经适应了国际部新的教育环境，他们在课堂上变得积极而投入。他们不再沉迷电子游戏，反而学会了规划自己的生活，享受学习的乐趣。我们终于意识到：学生的进步与转变是需要时间的，他们需要时间去适应新的文化。在国际部成立之初，一切都处于摸索阶段，当时还没有形成一种清晰连贯的文化和氛围。而到了第二年，国际部才逐渐成型：在这里，学生为自己的成功或失败负责，他们享受学习的过程，敢于迎接全新的挑战，并能积极提出问题。学生的成长需要时间，需要老师的理解和耐心。

我忘了自己在那个年纪也曾和他们一样。我不做作业也不读书，而是成天看肥皂剧、看卡通片。我上课毫不用心，一整年里老师每天都重复的东西我依旧记不住，因为我的心思完全不在课堂上。有一天，一个只在我的生命中出现了一周的老师却让我清醒了过来，她让我意识到自己是具有潜力的，由此我开始在课上专心听讲、用心读书。在此之后我更是用了整整两年的时间彻底激发出自己的潜力，变得积极乐观。

每个人都需要时间。我本应该给我的学生足够多的时间与鼓励，

第五章　回到起点

结果我却愤怒地喝斥他们。我深知这样的行为极其不对，但当时我却无法控制自己。

我降低了对学生的期望值，选择了相信他们、给予他们足够的时间。在第二个学期，我们减少了课外活动，并把重点放在提高学生的英文基础及学习技巧上，帮助他们为2011年7月开始的为期六周的美国夏令营做好准备。届时他们将花三周的时间在康涅狄格州的昊济斯（Hotchkiss）私立高中学习美国文学和戏剧，另外有两周的时间在马萨诸塞州的私立学校——劳伦斯学校（Lawrence Academy）进行远足和划艇的户外活动，还有一周时间用来走访美国大学校园，这周的行程安排是由潘芳迪负责组织的。在这次活动中的许多学校都和我们有着重要且密切的合作关系，我得确保届时学生的表现不至于让我尴尬。

我来到北京创建教育实验的项目，为的是要培养学生们的创新能力。结果在第二个学期里，我发现自己其实是在给有钱人家的懒惰孩子们当保姆。在英文课上，我让学生用荧光笔标记出新词汇，以此来监督他们完成阅读作业。如果哪个学生上课迟到了，他就得去办公室见我。为了惩罚学生，我得想出各种新招数——比如在约谈的时候我也故意迟到，或者忙自己的事，让学生在一旁坐上1小时。与此同时，我们也在不断警告学生：如果成绩没有进步就要被开除。这一个学期是我在中国从事教育工作以来最漫长、最沮丧的一段日子，我常常会怀念起从前的深中以及北大附中的学生们。

我的身心都在让我放弃，但我却不能这么做。有那么多信任我的人——我不能让他们失望。陈诺斯和李红离开了家庭，远赴北京帮我建立起了国际部；7个深圳初一的学生同样跟随着我来到北京——因为他们的家长们相信我所提供的先进教育是他们能为孩子做出的最好的投资。当然，还有王铮，他顶着北大附中内部的政治压力，为我拼出足够的空间与资源来创建最好的出国留学项目。为了他们，我必须硬着头皮继续努力走下去。

事实上到了学期末，我开始看到了希望。6月26日，我在北京首都机场送走了李红、陈诺斯以及我们的28名学生。那天每个人都很兴奋，尤其是我。因为我认为在美国的6个星期将能激励学生们在回国后更发愤努力地学习。至少我终于可以离开这班孩子好好喘口气了。

但真正让我感到兴奋的是：我们即将开始招募第二批的学生了。而这一次，我下定决心只录取最好的。潘芳迪和周业然会在北京协助我做好招生录取工作，他们曾经都是深中的学生，我相信他们会挑选出最适合国际部的学生。同时，我也决心不再重复上一次的失误——这回我们要求学生的中考分数必须在515分（满分580分）以上。此次唯一的困难就是时间问题。北京的中考分数在7月2日放榜，而我7月5日就要前往南非参加一个全球教育研讨会议；同一时间，潘芳迪也要去美国和李红、陈诺斯以及学生们汇合。这意味着我们要在10天的时间内举办两期为时三天的选拔夏令营，然后快速准确地做出录取决定，并召开新生家长会。

鉴于时间关系，我们三人决定分工如下：潘芳迪和周业然将负责面试，我来负责选拔夏令营期间的英文课与体育训练。

"我们所寻找的学生要有良好的学习能力，并认同我们先进开放的教育理念。"在第一期夏令营开始前的一次会议上，我对潘芳迪和周业然如是说。"要确保他们明白：我们是不会帮助他们应付SAT考试的，我们更不会一路护送他们进入常春藤大学。他们必须清楚，国际部是要培养他们的创新能力和批判性思维能力。不要做出任何妥协，最重要的是，不要给出任何承诺。"

"那么，我们要找的学生既要有漂亮的中考成绩，又要有远见，

第五章 回到起点

此外还得有能力支付每年八万元的学费?"周业然问我,"这个要求是不是太高了?"

我想告诉他:我没办法让国际部和自己再经历一次像第一年那样的压力和挫败了。"我相信有不少优秀的学生想要出国求学,我相信他们也在寻找一个最高品质的教育项目,"我回答道。"我们得相信他们会来。我确信他们一定会来的!"

他们要是不来的话,那我就干脆辞职好了。我在心里暗暗地想。

为了这两期夏令营,我们三个都拼了命地工作,第二期夏令营结束的时候,我们到了一家高级的韩国餐厅吃晚饭,好好犒劳自己一顿,大家都是那么的兴奋。我们在夏令营中仅仅录取了40位学生,但他们个个都是英文极棒的尖子生,我们相信他们的中考分数至少会在515分以上。在英文课上,学生们都争先恐后地讨论、回答问题——他们读的是蔡美儿那篇著名的华尔街日报文章《中国母亲为何更胜一筹》。在体育课上,一小时的时间里我让他们不停地练习弓步、短跑和跳跃运动,但学生们并没有抱怨或瘫倒放弃,而是满头大汗地坚持到了最后一秒。

"教这些学生的时候我真开心啊,"我满足地对周业然和潘芳迪说,"你们都了解我有多热爱教书,但我告诉你们,去年这一年里教国际部的学生实在让我痛苦极了。有些学生甚至连用荧光笔画书都做不对。但这一周教这些新的学生,我特别开心——他们不但能认真地完成作业,在课堂上也表现出了创造力和好奇心。"

"可能国际部的孩子只是需要时间去适应你的教学方式罢了,"潘芳迪说道,"而且这些新学生也并不是十全十美——其实我觉得他们傲慢又无礼。你看过他们的房间吗?简直就像猪圈。不管我再怎么努力,也没法让他们把房间收拾整齐。"第一批国际部的学生是潘芳迪录取的,我这样说他们的坏话,她当然要为这群孩子们辩护了。

"好学生是不收拾房间的，"周业然接过话说，"他们都习惯让家长去收拾。"

"没错，可能他们的房间会很乱，但在学习上他们可都是拔尖的。"我也顺着他的话满意地回应道。

"但如果他们最后不来呢？"潘芳迪冷不丁地问我。"今年我们可是在和12个国际学校竞争生源，而且很多国际部都向学生保证能把他们送进常春藤。而且，虽然北大附中挺有名，但也不及人大附中或四中——我们是在和中国最有名的学校竞争。"

"学生当然会来，"我的脑袋简直兴奋得快要膨胀开来。"其他国际部会像我们这样允许学生先体验三天吗？学生们知道我们会提供非常严格且有挑战的英文课程。他们知道我们有最好的师资和设施。我们已经为他们提供足够多的信息了，他们会做出最好的选择。另外，你和周业然在面试的时候不是已经确认过他们的意愿了吗？"

"为了获得肯定，学生什么都会说的。"周业然试着浇灭我发热的头脑。

"总之我很有信心，"我依然坚持自己的看法，"有了这些新学生，我终于可以打造一个顶尖的留学教育项目了。我终于可以开始推动真正创新的课程设置了。"

"这一年里你原本也可以开设创新课程啊，"潘芳迪不满地说，"你只是不愿意相信自己的学生罢了。你总是说他们的坏话，为什么你不能试着说些积极鼓励的话呢？"

"潘，这次你能不能就别再和我较真了？"我说，"这一年你都在美国，所以你根本没法体会到这一年对我而言是多么的漫长和艰辛。我得不断挣扎才能让自己坚持不放弃。而今天，我终于有了一个值得开心的理由了。我们再来点啤酒吧！"

7月2号的中考分数出来后，连潘芳迪也忍不住地雀跃欢呼起

第五章 回到起点

来。我们所录取的学生,他们的分数超越了我们的预期,许多学生都拿到了 540 分以上的高分,这样的分数足以让他们进入北京最好的学校了。有了这样的尖子生,北大附中国际部的成功指日可待啊。

第二天,王铮和我一起为已录取的学生召开家长会。学校的礼堂里稀稀落落地坐着几个人。王铮的语调一如既往地平静柔和,而我在一旁呆坐着,心中无比震惊、失落且备受打击。我几乎说不出一句话来,开口了却也只能是磕磕巴巴。超过半数以上被录取的学生——所有那些中考分数在 540 分以上的——都拒绝加入我们,转而投向其他学校的国际部。剩下的少部分学生中,最高分数是 530 分,而到了开学前,即便我们千方百计地挽留,这位学生最终还是选择了其他学校。

在接下来的几天里,我和周业然、潘芳迪手忙脚乱地努力填满学位。尽管我们倾尽了所能,最终也只招到了 17 名学生,他们大多数的中考成绩都在 515 分以下。

而当我 8 月初到达美国时,潘芳迪告诉我许多国际部的学生在 Amherst 学院的说明会上睡着了——我真的是受够了。好吧,我本应该继续尝试,这是我欠王铮的;但我也必须对他实话实说。因此,到了 8 月底我回到北京之后,我告诉他:我既没有能力也没有任何信心再管理国际部了,他是时候要找人接替我了。

"我什么都试过了,但全都没用,"我沮丧地对王铮说,"我试着去教育这些学习态度差的学生,但他们就是不受教。我试着招来更多的尖子生,但他们就是不愿来。我已经彻底没辙了。"

"为什么不能再给国际部一些时间呢?"王铮劝说道,"现在只是一年而已——最终学生是会进步的。你需要的只是更耐心些。"

"过去一年里,我满脑子想的都是去与留的问题,"我向王铮坦言,"我已经很耐心了,现在也是时候该抛开所有、开始我自己的生活了。"

曾经我也遇到过种种困难,但我似乎都能凭借自己的想象力和信念去征服它们。可如今面对国际部,我的信念已死,我的想象力也已经枯竭了。

第五章 回到起点

## 第六章　重拾信念

  2011年7月中旬，我参加了一个在南非举行的全球教育会议，十天的时间里我与来自全世界三十多所的优秀学校的校长们一同旅行。在长途汽车上，坐在我旁边的是香港一所国际学校的美籍校长，他在旅途即将结束时邀请我去他学校参观，并讨论关于我到那儿任教的可能性。2012年国庆长假期间，我应邀前往香港参观了他的学校，并与老师们见了面。

  这所学校里的学生都是来自香港最富裕的外籍家庭，许多家长都曾是常春藤学校的学生，他们现在大都从事金融行业。这些学生学习很刻苦，对老师也都彬彬有礼，他们的目标都是常春藤大学或牛津、剑桥。在看了他们上英文课后，我更是无比羡慕这里的英文老师，因为这种课堂氛围正是我梦寐以求的。学生们围坐在圆桌边，相互讨论着海明威，他们的老师在一旁频频微笑着点头。其实他们并没有读海明威的短篇小说，而是在上网搜索了相关的历史背景和文学评论，从而整理出大量的笔记带到课堂上——当年在耶鲁的文学课上我的同学也是如此。和我的同学一样，这些学生都懂得怎么做到积极主动却不粗鲁无礼，他们知道怎样礼貌地打断同学滔滔不绝的高谈阔论，或是要在表达异议之前先赞许几句。

  我对那些与我交谈过的老师们也印象深刻。他们有着高学历、高薪水，并且坚持阅读、学习以让自己的教学更契合学生的需求；他们在世界各地都工作或旅行过；他们利用周末的时间玩乐队，练武术，或是为亲朋好友烹饪大餐。与我交谈过的每一位老师的身上都有太多值得我学习的地方。我完全可以预见自己和他们在晚宴上谈笑风生，或是和他们喝着红酒乘船扬帆、欣赏维多利亚港的金色夕阳——他们和我是同一类人。

  晚上，我搭乘便捷的地铁穿梭在香港的大街小巷中，这一晚吃泰国菜，下一晚尝尝印度菜，后天再换中东菜。一天早上，我和朋友一起到香港延绵的山上远足。"我们一整年都可以登山远足，"站在浸满阳光的山顶上时，他们对我说，"这里没有冬天。"一想到不再有寒冬，我忍不住地嘴角上扬。

  在香港国际学校教书对我来说似乎是我梦寐以求的工作。我的这位校长朋友为我提供了一个职位，让我签下合同——这意味着，我将拿到比北京的工作更高的薪水，却不需要干那么多活——但让他惊讶的是，我居然犹豫起来。连我自己都对此感到讶异。只要在合同上大笔一挥，从此我的生活就能发生奇迹般的转变：从寒冷的北京到温暖的香港，曾经的压力、愤怒和沮丧也都将消失无遗，取而代之的会是舒适、轻松与平静的生活。在过去的一年里，这不正是我心心念念想要追求的吗？在北京的每一天都要经历一场无谓的挣扎——让学生按时起床，按捺自己一触即发的脾气，诸如此类。

第六章 重拾信念

我理应毫不犹豫地签下这份合同。为了我的事业、健康与心智，我都必须签下它。但我就是无法在上面写下自己的名字，我也说不上为什么。

"我需要点时间考虑。"我坦诚地对那位校长朋友说。

"你需要多长的时间？"他问我。

鉴于许多未知的原因，当时我在香港待得越久我就越矛盾。或许我永远都做不了这个决定，但我也清楚这位在过去一周里对我照顾有加的朋友已经开始失去了耐心。

"给我一周的时间吧，"我对他说。"下周一我会给你答复。"

于是，我给了自己一个周末的时间来理清思绪，认真考虑自己的选择，然后做出决定。在北京有太多的事情能分散我的注意力了，因此我决定从香港搭乘一小时的航班前往广西阳朔。我听说阳朔的喀斯特地貌吸引了世界上顶尖的攀岩爱好者们，我想攀岩或许会是个不错的选择。

我之前从未攀过岩，于是我请了当地的一位攀岩教练来指导我。阳朔有许多攀岩基地，我的教练为我选择了一处安静偏僻的地方。他给我系上安全绳，给了我一个粉袋和一双攀岩鞋。粉袋能使双手保持干燥，而攀岩鞋则会帮助我在脚尖接触岩石时集中发力。

接着我的教练开始向我讲解攀岩的基本要领：我需要借助臀部和腿部的力量向上攀爬，而不是利用手臂肌肉。攀爬动作要缓慢、精确、从容，就像芭蕾一样。"力量来自于你的腿部和臀部，你的手臂仅仅是用来做固定点的，"他对我说。"记住，要全身协作。尽量保持平静，因为一旦你感到害怕，你的身体就会开始紧张起来，开始和你对着干。"

他说起话来不急不缓，就连他飞舞在岩壁上替我检查安全绳时也一样。他在上面没有停留太长的时间，当他下来的时候，他的神色看上去就如同周围的山峰一样平静沉稳。我希望自己在给学生上课的时候也能像他这般沉着冷静——这样课堂对我和学生而言都会变得欢乐许多。

"我热爱攀岩，"他边绑安全绳边说。"它让我感到自由。攀岩时，世界上一切的烦恼都似乎消失了。"

我抬头看着岩壁上凸起的尖锐边缘——它们很适合做支撑抓点。岩壁并不是很高——大概只有20米——而且我知道自己的安全带已由教练牢牢固定在安全绳上了。我心想：这太简单了。在深吸了一口气后我开始向上攀爬，我决心要和教练爬得一样快。

"别爬那么快，"教练冲我喊道，"你为什么这么着急呢？保留体力，一步步慢慢来。"

慢慢来？为什么我要慢慢来？我的目标近在咫尺——就是这20米——越快到达越好，不是吗？我在学校里学到的就是如此，我的生活方式也是如此，我也曾经用同样的方式建立起了深中出国体系和北大附中的国际部。

我继续向上爬，但当我爬得越高，我就发现自己的身体和周围的世界开始发生了剧烈的变化。我的心跳加速，呼吸急促——爬到一半，我对高空的恐惧几乎让我窒息。我贴近岩壁，紧紧抱着它，这样一来我的视野范围也随之缩小了。突然，岩壁上的抓点变得越来越少、越来越远，我的脑海中居然出现了自己从岩壁上滑落、下坠的情景。顿时把我吓出了一身冷汗，我感觉自己僵硬的手臂正在痛苦地颤抖着。

"我现在要放你下来了，"教练在下面大喊，"双手放开岩壁。"

"不，我不下去，"我喊了回去。其实我是因为太害怕了不敢放手。"我可以的——我可以一路爬到顶点，再给我点时间。"

我强迫自己移动身体，但却做不到。我的肌肉绷得紧紧的，我

第六章 重拾信念

的腿和胳膊像是被锁住了一样动弹不得。恐惧感让我全身都麻痹了，现在它正在一点一点地夺走我所有的力量。我必须放手，必须下去休息。但我就是没法放弃。

"你需要下来，"我的教练再一次喊我，"你需要休息。你得放手松开岩壁，这样我才能把你带下来。"

"我可以爬上去的！"我吼了起来，"我已经爬到一半了！再给我一点时间，我一定会证明自己可以。"

"你不需要证明任何东西，"他说，"你想证明什么？证明给谁看？你看看四周——我们旁边没有别人。"

现在的我气喘吁吁，已经筋疲力尽了。不管我固执地想再继续尝试，我的手臂也已经无力抓住岩壁了——它们自己松开了。我在恐惧中闭上了双眼，任由教练把我放回到了地面上。

"害怕是正常的，这是攀岩必须要克服的，"教练用他一贯平稳沉静的语气对我说。我正筋疲力尽地瘫在地上大口地喘着气。"但是如果要克服恐惧，首先你必须征服自己的骄傲和自负。"

我们俩的脸色形成强烈的反差。他沉着而冷静，而我却满脸通红，汗流浃背。

"我准备好再上去一次了。"我依然喘着气地说。

"再休息十分钟，"教练命令道。"等你充分休息好后，我们来练习如何放手。"

"你所说的放手是什么意思？"我不解地问。

"当你爬到一半的时候，离开岩壁，让绳子吊着你悬在空中。"

"为什么要这样做？我们的目标不就是爬到顶峰吗？"

"不，我们的目标是学习。你必须学会信任安全绳、信任我。而且你必须学会抛弃一切无谓的骄傲与自负。你需要尝试着接受失败，明白它是成功路上所必须的。"

于是，在接下来的两个小时里我们都在练习如何放手。这的确很难，因为它和我曾经学习过的、坚信过的东西背道而驰。如果放手，你就会摔死——但渐渐地我开始明白：如果放手，你的安全绳和你的同伴会救你。

一整天的练习结束后，我依然没能成功地爬到终点。可当我从岩壁下来的时候，我却如释重负，感觉仿佛重生一般。我满头大汗，但我的脸上却挂着笑容，我感觉自己又一次振奋了起来。我身体中的恐惧与骄傲似乎已被净化，突然间，我感到步履轻盈。

那天夜里，我沿着阳朔的溪流缓缓地散步。温和的微风轻轻拂过我的脸，穿过树丛，淌进溪流。

的确，香港的工作非常吸引我，但在内心深处，我知道自己不能抛下国际部和我的学生。的确，香港的学生也非常完美，如果能教他们我应该会很享受，但是这没有挑战性也没有意义。家境殷实、家教优良的他们注定了会成功，而我只不过是在路边为他们加加油或是递上点水，然后看着他们向"钱"途无量的金融事业冲刺。

但是从没有人会为国际部的学生加油鼓气，也没有人给过他们任何机会。他们就像当年的我一样。帮助那些最需要被鼓励的学生——这才是我从事教育的初衷。

或许潘芳迪是对的：也许问题就在于，我太轻易地放弃了自己的学生。我为什么就不愿意相信他们，给他们时间呢？我为什么不能像今天相信我的教练和安全绳一样去相信我的学生呢？

在艰辛的一天结束后，走在阳朔的微风中，我才恍然大悟：原来，我的恐惧和自负麻痹了我，使我无法为国际部带来真正的成功。我是那么地渴望成功，恨不得越快登顶越好。但与此同时，我又是那么地害怕失败，害怕摔下来会丢脸。我在课堂上的表现和今天攀岩时的表现简直一模一样。在课堂上，当我看到学生没做作业或是

第六章 重拾信念

读书又读错了一行时,我的肌肉就跟在攀岩时一样变得紧绷起来。接着我就会失去理智,压抑不住心中的怒火开始责骂学生。这种愤怒在我体内越积越多,就如同在岩壁上恐惧将我点滴侵蚀一样。

我是可以把国际部带向成功的。但这意味着我必须要相信学生,相信自己。这也意味着我要抛弃恐惧与自负。可是,在攀岩时学着抛弃恐惧和自负是一回事,但在生活中也要做到那样就又得另当别论了。在我的人生当中,我只懂得恐惧和自负——这就是我的核心。我能否再一次重新塑造自己?没错,年轻时的我曾经因为发现全新的自我而成功进入了耶鲁大学,继而成为一名老师。但现在的我已经三十多岁了,据我所知,在这个年纪要再重塑自我多半已不大可能。科学家们说得很清楚:父母的基因决定了一半的我们,而童年的经历则决定了另一半。一旦我们过了十八岁,我们大脑里的神经元便不再生长,反而开始衰落——这也就是说,我们开始逐渐丧失学习的能力。这也意味着,或许我可以完成攀岩的简单路线,但我却绝不可能成为顶尖的攀岩者。同样的,我可以建立国际部,但我绝不可能学会压抑着自己的恐惧、愤怒和骄傲去帮助学生激发他们的创新潜能。

或许我唯一能做的就是接下香港的工作,放弃国际部。理论上,这是明智的选择,也是唯一的选择。

但是我想我已经清楚自己该怎么做了。在阳朔的小歇结束后,我给香港那位校长朋友发了一封邮件,告诉他我不能接受那份工作。我不能抛弃国际部,不能抛弃自己的学生。即便科学和常识都认为我没法改变自己,但我也必须坚持走下去。内心深处有个声音在告诉我,靠着信念和想象力,我可以把一切的不可能转变为可能。我希望能向自己和学生证明这一点。

回到北京后,我马上开始大量的阅读、收集资料,我想了解人类大脑的运作。其中有两本书给了我不少启示——《怪诞行为学》和《改变自己的大脑》。

在《怪诞行为学》一书中，杜克大学的心理研究员 Dan Ariely 发现：在某些特定的外界刺激下，人们会有相似的、可预测的情绪反应。这些情绪上的反应会引发相应的行为反应，进而创造出一套逻辑说法用以解释它。

换句话说，Dan Ariely 的实验表明，传统上我们所理解的思考、行动和感知过程其实是错误的。传统模型下，我们先思考，后行动，最后感知。而 Dan Ariely 却认为，人们其实是先感知，后行动，最后才思考。

首先让我们来想想人们为什么喜欢去星巴克。传统的解释是，在去星巴克之前，人们已将周边咖啡店的价格和口感做过比较。他们发现星巴克的咖啡虽然贵但口感香醇，因而弥补了这个价钱差值。人们是在经过了一系列逻辑上的优劣判断之后，才最终选择了星巴克。

这个解释很合理，但实际上人们并不是这么做的——Dan Ariely 的实验有新的发现。在现实生活当中，人们其实并不会花时间和精力去比较每一间咖啡店，因为人们天性懒惰，而且喜欢追随大流而不是追随有逻辑的思考者。在现实生活中，人们之所以每天早上都去星巴克买咖啡，很可能只是因为他们某天路过时看到一群人在星巴克排队。他们下意识地也站到了队伍当中，此后去星巴克排队买咖啡就仅仅成为了一种习惯。对他们而言，价格和口感都无所谓——跟随他人使他们感觉良好，仅此而已。但如果你问他们为什么每天早上都要去星巴克，他们会给出各种各样的理由——服务态度好，位置便利，口感一流……诸如此类。Dan Ariely 的研究发现表明，我们受控于自己的情绪，而逻辑思考多半不过是我们为情绪统

治下的行为所随意编造的解释。

《怪诞行为学》这本书恰恰印证了我在阳朔攀岩时的发现——我的恐惧感和自负控制着我的行为表现。我之所以愤怒,并不是因为学生们没有完成作业或是读错了一个英文单词;而是正因为我的愤怒,我只能看到他们的缺陷,而忽略了其实有些学生会从图书馆借书进行课堂之外的阅读。我的情绪决定了我看待事物的态度以及做出的相关反应。

那么我要如何控制自己的情绪呢?

这时我读到了一本由加拿大精神病学家 Norman Doidge 所写的书——《改变自己的大脑》。这本书颠覆了我对大脑的认识,从而让我看到了将不可能变为可能的希望。

在这本书的开头,Doidge 医生解释了人们在对大脑认识上的转变与更新:在过去 50 年间,科学技术的进步使我们得以探索大脑内部的究竟,神经系统学家们发现,大脑其实并不像计算机,而更像是一座不断变化着的城市。每个人的大脑都有着独特的神经结构用以最佳地契合个人的需求。

这听上去有些怪异,但确实有道理不是吗?画家的大脑应该是和运动员、作家、机械师或医生的大脑有所不同。正是因为每个人的专长各有不同,社会才会如此富有活力;想象着每个人都有着机械师的大脑,那么社会分工就不可能实现了。英国的神经系统学家曾对伦敦的士司机的大脑进行过研究,他们发现,的士司机大脑中掌管视觉空间能力的部位要比其他人大脑中同样的部位更大——视觉空间能力能够让这些司机将城市浓缩比拟为一张地图,使他们能够记住地点,并快速计算出从 A 点到 B 点的最近路线。科学家们还发现,新司机在伦敦积累驾驶经验时,他们大脑的这一区域会逐渐变大。

神经可塑性还体现在我们组建家庭的过程中。开始组建家庭的时候，我们大多数人是在 20 岁末 30 岁初的年纪。此时我们已经有了稳定的职业和固定的日常习惯，不希望也不容易改变。无论回头看过去还是着眼现在，都没有任何迹象表明我们已经做好了为人父母的准备。我们还不会做出一顿简单的晚餐，甚至可能连煎鸡蛋都不会；我们还不懂得要怎样将公寓布置得适合婴儿居住，甚至可能我们一看见婴儿就会手忙脚乱或是感到厌烦；我们不知道婴儿的膳食该如何安排，也不清楚要怎么安排规划时间才能使家庭和事业两全其美。过去的经验和记忆中没有一项数据能显示我们懂得建立一个家庭，但时机一到，我们便能根据新环境做出改变和调整。没错，一开始我们一定会犯下许多错误，但我们却能从错误中汲取经验教训，渐渐地变得越来越熟练。

在恰当的外部刺激下，大脑能够发生变化——这就是"神经可塑性"。"神经可塑性"这一概念使得人们对于大脑的认识有了革命性的突破，以往人们认为基因与童年经历会对大脑产生永久性的影响，但"神经可塑性"的发现使这种影响不再是绝对和唯一。"神经可塑性"告诉我们，任何人在任何年龄段都有可能重塑自己——即便是像我这样固执的人也完全有可能。

要了解神经可塑性是如何发挥作用的，我们可以首先用城市来打个比方。在乡间空旷的田地上建造出一座城市固然简单，速度快而且价格便宜。而一旦城市建好并开始运作了，要再进行改造就会愈发缓慢、麻烦而且费用高昂——拓宽路面，拆迁旧楼改盖摩天大楼，在居住区地下施工修建地铁——可这些都是可以完成的，世界各地的城市一直以来也都是这么做的。

那么我们假设有一条道路已经陈旧拥挤，现在我们需要拓宽路面。方法之一是找到道路的设计图，搞清楚当年这条路是怎么修建起来的，为什么会如此修建。没错，当初建造这条道路肯定是有一

定的道理和计划的。但是这些信息对我们来说又有什么用呢?要修整这条路,我们只要把老路拆掉、再铺新路就行了。

这是神经可塑性的重要原则之一。我们的身份认知和行为方式不仅仅是心理精神上的产物——同样也是大脑的物理建造。如果想改变自己,我们需要改变大脑的物理结构——这不是靠着思考就能完成的,而是需要身体力行。这挺有道理的不是吗?如果我们想成为足球运动员,我们不会只是读读书、看看电影或是做做白日梦——我们会跑到球场上去练习。

当开始上场训练的时候,我们会发现这个过程十分痛苦。遭受压力的不仅仅是我们的肌肉,大脑也同样遭罪。在一次次痛苦的反复练习中,我们不光练出了新的肌肉,还在大脑里搭建起了新的神经通路。这就是为什么重复性的练习能引起流畅的潜意识动作。小提琴家或篮球明星的一举一动都显得游刃有余那是因为他们本身确实能够应对自如,二十年的苦练使他们的肌肉拥有了记忆,并建立起了神经构造——只有这样他们才会在自己的专业领域中获得成功。

《改变自己的大脑》这本书为我带来了重大的突破。现在我明白了,即便恐惧、愤怒和自负支配了自己的生活,但这也没有关系,就像城市中那些无可避免的拥塞的道路一样——重要的是我能够建立起新的神经结构来控制、约束自己的恐惧、愤怒与自负。

我知道有一项运动可以帮助我实现这个目标,那就是攀岩。

于是我在北京找到了一家攀岩馆,每周去上两次课,练习抱石。抱石是攀岩运动的一种变型,支撑点更少,但终点离地面并不是很高,因此不需要安全绳扣。攀岩者通常用抱石来提高技巧,换句话说,抱石能帮助他们建立起适合攀岩的精神和身体状态——更确切地来说,也就是"建立肌肉记忆"。我的目标就是要建立起这种肌肉记忆,由此改变我的大脑神经结构,以便更好地控制自己的恐惧、愤怒与自负。

抱石练习中最难的是技巧部分。乍一看这很简单——两米高的岩壁上分布着五六个支点。就爬这两米的高度，有什么难的？

"最快的路线不一定是最好的，"我的教练告诉我说。在屡遭失败后，我躺在垫子上急促地喘着气。八年的攀岩经验使得教练的脸上总是带着一份平静与安宁。"你不要用蛮力，也并不是攀得越快越好。"

"难道不应该是这样吗？"我心里回想着在健身房举重的情景，疑惑地问教练。"不是要尽可能快地发挥自己的力量吗？不然怎么尽快变得更强壮？"

"如果你能把注意力放在技术和身体的移动上，你就会进步，你会逐渐建立起肌肉的记忆以应对更难的抱石路线。"他淡淡地回答我。

"是不是有一天我也可以像那些人一样完成飞跃的动作？"我指着攀岩馆另一端的一群人问道——他们大概二十多岁，身材苗条但十分健硕，正从岩壁上的一个支点跃到另一个支点。

"是的，"教练点头回应我，"但要做到那样，你必须把注意力都放在技巧上。"

"你肯定是在跟我开玩笑——我都已经35岁了，"我摇着头对他说，"我没办法做到那些飞跃的动作。"

每次课后回到家，我全身都又累又痛。抱石的抓点很小，我的双手因此被磨得到处是水泡和老茧。攀岩鞋又小又挤，穿着它们就好像裹足一样痛苦。每次在练习结束后我都睡不着觉，全身酸痛，尤其是双手双脚。但同时我又为这些疼痛感而感到喜悦——大脑的物理改变应该是痛苦的，因此我坚信我的大脑正在发生着变化。

随着课程的继续我开始遵从教练的指导，当我越关注自己的技巧以及身体的移动，我就越能感受到内心的平静与坚忍——抱石让

第六章 重拾信念

我必须做到平静而有耐心。那些小巧的支撑点要求身体的每一次移动都是经过深思熟虑而且必须精准——如果你的手或脚尖位置稍有偏差，你就会摔下去。成功与否，全在我是否能控制住自己的恐惧、愤怒与自负。

慢慢的，我开始有了进步。于是在一天课上教练突然对我说："今天我们来完成飞跃动作。"

他将双手双脚支撑在抱石岩壁上，用腿部肌肉发力向上跳跃，飞起，然后迅速抓住了一个支撑点。

"现在轮到你了，"教练转过身来说。"这不难。"

"那是因为你已经练了八年了，而且你才20多岁，"我说，"对你来说当然简单了。"

"就试一试嘛。"他煽动着我。

于是我上前尝试，我用力蹬腿、向上飞跃，但却没能抓到手点，我一下就摔在了垫子上。

"你需要完全伸展你的腿部，"教练指导我说，"用腹部力量稳住身体并移动，然后迅速伸展手臂去抓住手点。"

"我做不到，"我沮丧地摇头，"我不可能做到——我太老了。"

"那何不先想象一下成功完成这个动作的情景？"他对我说，"闭上眼睛，现在在脑中想象自己的动作。"

"你的意思是，要我用想象力？"

"是的，而且我想让你相信自己。"

想象力与自信？想要飞跃起来只要这些就足够？"但是你必须想象出你全身的动作，"他补充说。"在想象的同时，要感受到自己的每一处肌肉。"

于是我在垫子上坐下，闭上双眼，努力想象自己在空中飞跃、抓住手点。我尝试着去感受肌肉的变化——伸展和跳跃时小腿肌肉的突然紧缩，稳定身体运动时腹部肌肉的收紧，以及抓住手点那一刹那间双手所感受到的重量。

我们尝试了几次，每次我都有所进步。每次更进一步之后，我脑海中的那幅画面就变得越来越清晰而精准了。

"你必须对自己有十足的信心，"教练对我说。"要相信自己一定可以做到——把疑虑和恐惧都抛在脑后，这样才能成功。"

我必须抛开所有情绪。也就是说，在失败了不下20次之后，我必须忘掉这一切。我需要撇开未来，不去纠结自己能否成功。我仅仅需要把握当下，想象并相信自己一定可以做到。

我跳起，双手伸向支点——突然间，我感受到了手指的重量感。

想象和自信真的让我飞跃了起来。那个出乎意料的、惊喜的笑容一整天都挂在了我的脸上，我感到身体的舒适而轻盈，所有的疑虑、愤怒、恐惧和自负都似乎已经远离了我的身心。

第二天在国际部，我突然看到了从未看到过的事物。我看到学生们不再沉迷于电子游戏，而是在勤奋读书；我看到了学生们的心理；看到他们在第一年玩游戏时那种无精打采、对世界漠不关心的态度；然后看到了他们在拿到磕磣的成绩单时那种迷茫、震惊的表情；我看到了他们在美国划艇时与暴雨、酷暑的斗争；看到了他们在挑战身心极限过后，下定决心在国际部好好学习。

看到这些，我的脑海中开始有了清晰的设想。我能设想到学生在阅读《怪诞行为学》和《改变自己的大脑》，他们在了解大脑的运作，并学习如何掌控自己的情绪。我能设想到他们在练习攀岩，学着战胜恐惧与自负。我能设想到我们游走在地球的每一个角落，延伸我们的思维，拓展我们的身份意识。

如今的我再一次重塑了自己，于是我下定决心，将重新塑造国际部。

第六章 重拾信念

## 第七章　教育新实践

2012年的春季学期,我在北大附中国际部开设了一门新的课程——"基石课程"。在生活中我曾犯下过许多错误:我一生都在追求自私、短视且功利的目标;由于我无法控制自己的愤怒、压力与恐惧,我接二连三地做出武断、糟糕的决定。"基石课程"就是为了教给学生一系列的概念与知识,让他们以后不会重蹈我的覆辙,帮助他们创造高效、创新、幸福并具有意义的人生。为了达到这个目标,我与学生们会一起阅读像《怪诞行为学》与《改变自己的大脑》这样的书,共同探索通往成功生活的秘诀。我们也会一同尝试运用书中的原则与理念来完善国际部。

在给基石班上第一堂课的时候,我随身带了四件物品。第一件物品是一幅北大附中国际部的画轴,这是国际部为来访的外国记者及美国招生官专门定做的礼物。第二件物品是一支印有标签的蓝色毡尖笔。在

2011年的夏天，国际部的28名学生前往康涅狄格州雷克维尔镇的昊济斯学校参加为期三周的文学与戏剧夏令营，随后昊济斯学校的校长在上次到访北大附中的时候，把这支毡尖笔送给我作为礼物。第三件物品是一顶Maru-a-Pula中学的黑色棒球帽。在2011年2月，我们将15名国际部学生送往博茨瓦纳首都嘉柏隆里市参加交换生项目，嘉柏隆里市Maru-a-Pula中学的校长在2010年10月来访北大附中时，将这顶棒球帽赠予了我。最后一件物品是一个银质的金属扑克盒，里面有很沉的一摞彩色筹码，以及两幅扑克牌。我曾经尝试通过教学生们玩德州扑克来提高他们的自控力与意志力（这个办法一点儿用都没有，但我从他们那儿却赢了不少钱）。

向围坐在我四周的20名高一学生介绍完这四件物品之后，我告诉他们这其中的任何一件对我来说都是无价之宝。"不幸的是，国际部最近有点儿缺钱，我们得要赶紧筹集资金，"当我说到这儿时学生们都笑了，"所以，我们要进行一场拍卖会。请你们每个人拿出一张纸，写下你愿意花多少钱拍下这每一件物品。"

在他们动笔之前，我给学生们每人发了一张纸片，上面写着一个在1~1000之间随机抽取的数字。我叫他们用心看看手里的纸片，把自己拿到的号码记下来，然后将纸片放回口袋里收好。

然后，我们就开始拍卖了。我让学生们花五分钟的时间好好想一想自己愿意在每一件物品上花多少钱。

首先，我拿起了北大附中国际部的画轴。我让学生们一一告诉我他们愿意出的价格，并解释为什么。我首先问了Julian，他告诉我说他愿意出10元。"我随便去哪家店都能用5块钱买下一个画轴，所以我觉得出10块钱的价格还是比较公道的，"Julian用带着美国口音的英语解释说。然后我问了Cindy，她说她愿意出90元。"画轴上印有北大附中国际部的徽标，这是有特殊意义的，"Cindy非常自信

地用英语说。接下来我让每名学生阐述自己的出价,当 Amy 说她愿意出 300 元买下这个画轴时,引起了全场的惊呼。"这是一个很特别的画轴,在别的地方是买不到的,"Amy 用缓慢而精准的英语向全班解释说,"说不好以后还会升值呢。"

"对,说不定国际部哪一天会出名呢,"我说,"我会在画轴上帮你签个名,Amy。"

接下来,我让学生们对昊济斯学校的蓝色毡尖笔出价。"要记住,这是昊济斯学校的校长送给我的个人礼物,"我提醒学生们。我让他们把笔传下去,好让每个人都能亲手感受到这支笔厚实的重量与柔软的质感。然后,我把目光再一次投向了 Julian,问他愿意出多少钱。"20 元。"Julian 答道。

我看着他,难以置信地摇了摇头,我哭笑不得地说:"什么?你只愿意花 20 元钱买这支笔?这可是来自昊济斯校长的礼物啊,一定很值钱的。看,上面还印着昊济斯的校名呢。"

"我已经有好多支笔了,干嘛还要多一支?"Julian 依旧不为所动。

"但这不是一支普通的笔啊——要我重复多少遍你才能明白呢?这是一支昊济斯中学的校笔。"

"可是对我来说这就是一支普通的笔。"

我摇了摇头告诉他:"我没法以 20 块钱把这支笔卖给你。我知道 Amy 一定会给出一个更公道的价钱的。Amy,你愿意出多少钱呢?"

"320 元,"Amy 笑着答道,"这支笔很漂亮,蓝色又是我最喜欢的颜色。而且这支笔的做工很精细。"

"我喜欢你的思维方式,Amy。"我赞许地说。

然后,我们开始拍卖 Maru-a-Pula 中学的棒球帽。

"喏，我们都知道 Julian 大概只愿意出两毛钱来买这件精美的礼物，"我揶揄道，"但我还是会问问他——Julian，你愿意为这顶棒球帽出多少钱？"

Julian 说他愿意出 10 元。

"因为你已经有几百顶帽子了是吧？或者你不戴帽子？"

"这顶帽子很丑。"他直言说。

我看了看 Amy，问道："那你呢，Amy？我想你拍下前两件东西之后已经倾家荡产了。现在你会为这顶棒球帽出高价还是低价？"

Amy 说她愿意出 150 元买这顶帽子，因为她亲身参加了 Maru－a－Pula 之行。她仍然清晰地记得在博茨瓦纳 15 天的行程里发生的每一件事。那是她第一次到非洲，她惊讶地发现当地人十分友善。当她行走于嘉柏隆里市的学校或街道上时，未曾谋面的陌生人都会朝她露出灿烂的笑容，对她挥挥手，并用中文说出"你好"与她亲切地打招呼。每天清晨，Amy 会与她的 14 名同学一起坐在 Maru－a－Pula 的教室里，和他们的学生一同上课。有一天上午，我们的学生为 Maru－a－Pula 全校的师生带来了一场精彩的才艺表演——当时 Amy 在一个节目里表演弹钢琴。到了下午，Maru－a－Pula 的学生会带着 Amy 和她的同学们一起进行社会服务。在嘉柏隆里的两周里，Amy 走访了一间艾滋病孤儿院与一所残障儿童中心。而在晚上，她会在当地的一个寄宿家庭中吃晚饭，然后教 Maru－a－Pula 的学生讲中文。

"要是你真这么享受在 Maru－a－Pula 的经历，为什么不愿意出更多的钱买下这顶帽子呢？"我问 Amy。

"我已经有一顶一样的帽子了，"Amy 答道，"他们在我们走的那一天给我们每人一顶帽子作为礼物。"

"既然你已经有一顶了，为什么还要再买这一顶呢？"我继续问

她,"你已经花了父母很多钱了。"

"我父母都很爱我,"她笑着说。

"这我相信,"我说,"但重点是,你并不需要另一顶 Maru – a – Pula 中学的棒球帽啊。"

"我需要的,"Amy 坚定地看着我,"也许哪天我会弄丢一顶呢。"

最后轮到那盒扑克牌套装了。"顺便告诉你们,这盒扑克牌是我在北京买的,"我告诉基石课程的学生们,"我向老板讨价还价了好久,他才同意以 300 元的低价卖给我。如果你们能拍下这套扑克的话说不定还能以 500 元转手呢。所以,Julian,你愿意开价多少?"

"50 元,"他说。

我苦笑着说:"但这是我花了 300 元才买来的啊。50 元实在没法卖给你,价钱还能给高点儿不?"

Julian 摇了摇头。"我不玩儿扑克,"他坚决地说,"所以它对我来说没什么用。"

然后我转向 Amy,问她愿意出多少钱。她说 500 元。

"你玩扑克牌吗?"我问她。

"不,但是我能以 600 元把它卖给一个朋友,"她回答说。

整场拍卖会中,Julian 总是出最低的价钱,而 Amy 总是开价最高。这是因为 Julian 勤俭节约,而 Amy 花钱阔绰吗?"你们觉得,Julian、Amy 以及你们每个人出价的金额有没有受自己刚开始时所拿到的号码的影响?"

所有学生都摇了摇头。"那个号码有什么作用?"Julian 提问,"我是在估计过每件物品的价值,而且决定了自己想不想买它们之后才出的价钱。"

"大家都同意 Julian 的看法,对吗?"我问全班同学,他们每个人都点头默许。

"那好，现在我们来玩另一个游戏，"我说，"我们来猜猜Julian、Cindy和Amy的口袋里各装了什么号码。不需要猜准确的数字——那太难了。只要猜出谁的号码最大，谁的号码最小就好。"

大家都猜Julian和Cindy的数字小，而Amy的数字大。然后我让这三名同学从口袋里把纸条拿出来，告诉全班他们各自的号码。

"我的是896，"Amy说。

"我的是65，"Cindy说。

至于总是出价最低的Julian呢？"我的是1，"他说。

"你们觉得，如果Julian拿到的是896的话，他会不会开更高的价钱呢？"我问他们。"Amy，你怎么看？"

"我觉得会，"Amy说。

"你觉得如果自己拿到了较大数字的话你会改变出价的金额吗？"我问Julian。

"不，我还是会出很低的价钱，"Julian还是一脸肯定，"这些东西我一样也不想要。"

尽管Julian严辞抗议，但事实证据却是清晰确凿的。当我们看过全班每人的出价金额与随机号码之后，我们发现两者的数额之间是成正比关系的。号码小的总是出低价，号码大的总是出高价。

于是我们翻开了《怪诞行为学》，这本书的作者丹·艾瑞里——杜克大学的一名心理学教授，他正是第一个进行了我们刚刚做过的这种实验，并且得到了相同的结论的人。在艾瑞里的实验中，拿到较小号码的人同样会比号码大的人出价更低。这个实验告诉我们，人非常容易受环境的影响，但要让他们意识到这种影响却很困难。还记得第六章里那个星巴克的例子吗？想法、点子以及习惯常常都是被随机地植入到人们的大脑中。可一旦它们被植入了，我们就将

它们据为己有,以情感的力量对它们紧抓不放。我们会用上所有的时间与脑力来为这些想法、点子与习惯找理由,而不是理性地评价它们的价值与内容。不论我与Julian和Amy如何争辩,他们都拒绝更改自己所出的价钱。然而,虽然他们受到的是一个随机数字的影响,但他们却都坚持认为自己的出价有着合乎情理的原由。

在基石课程的阅读中,我们不断地探索人类大脑的奇妙之处:它是如何运作的,又在何时会失效?我们的情感是如何控制我们的,它们会在什么样的情况下对我们产生协助或阻碍作用?基因、父母与朋友又是如何影响我们的性格与行为的?

我们一起读了《怪诞行为学》与《改变自己的大脑》这两本书。也读了《魔鬼经济学》——这本书利用经济学的原理和方法分析了老师是如何抓住考试作弊的学生;解释为什么毒贩子在家和父母一起住;展示了如何通过一个人的名字知道他是贫穷还是富裕……从《魔鬼经济学》中,我们学会了如何通过"激励"(金钱与赞扬)来鼓励与控制人们的行为。

之后我们还阅读了《驱动力》,这本书的作者丹尼尔·平克认为,人的驱动力要么源于外在(即传统所说的"棍棒与胡萝卜"),要么来自内在(即好奇心与热情)。通过引述权威的心理学实验,丹尼尔·平克解释说,如果想要鼓励人们完成短期而机械性的目标,就应该为他们提供奖金。这就是为什么在工厂的生产线上,如果你按照工作量来决定工资,工人们的效率会更高。但是,丹尼尔·平克也警告说,这种高压力、高回报的奖励机制会产生长期的影响。正如我们在高考这种高压力、高回报的奖励机制中所看到的一样,一旦通过了考试以后,学生们就会立即失去学习的动力。通过引用许多现实生活中的例子,丹尼尔·平克告诉我们,如果你的目标是让员工产生富有创意的点子,那你需要给他们尊重与自由,让他们能够追求自己所热爱的事物。全世界最赚钱的两个高科技公司——苹果与谷歌的工作环境便是丹尼尔·平克在这本书中的经典案例。

我们也读了美国作家马尔科姆·格拉德维尔所著的《异类》。这本书探讨了文化、环境与运气是如何促使人们成功的。在书中，格拉德维尔探讨了克里斯·兰根的案例。克里斯·兰根是一名酒吧保安，但他有着全美国最高的智商。他在一个贫穷而暴力的家庭中长大，但他却有着天赐的优良基因：他仅仅通过背诵教科书就自学了法语或西班牙语，他在考 SAT 的过程中虽然睡着了，但还是拿到了满分。他被富有名望的文理学院——里德学院（史蒂夫·乔布斯的大学）以全额奖学金录取。刚入学时，他每门课都拿 A，他成为一名大学教授的梦想似乎触手可及。但在偏僻贫穷的蒙大拿州长大的他，就像许多刚到美国的中国留学生一样，在遇到那些从曼哈顿来的语速飞快、爱抽大麻的大学同学时，内心受到了不少文化冲击。克里斯比那些来自曼哈顿的同学要聪明得多，也努力得多，所以自然也没把他们放在眼里。但与克里斯不同，他的同学从小就学会了怎么控制自己的情感，也擅长与不同的人打交道。正因如此，克里斯·兰根退出了里德学院，成为了一名酒吧保安；而他的那些语速飞快、爱抽大麻的同学们却一一成为了律师、医生或教授。

而在我们接下来读的《社会动物》一书中，作者大卫·布鲁克斯更是强化了这一观点。布鲁克斯争论道，智商其实并没有那么重要，真正控制我们的是情感。正因如此，决定我们成功与否的，是我们能否理解与控制自己的情感，而不是赢取奥数金牌的能力。（大卫·布鲁克斯其实就是用不同的论据证实了《异类》与《怪诞行为学》两书中的论点。）

我们每两周会一起阅读、讨论一本书，确保学生们能理解书中的概念与词汇。在讨论的过程中，我们会将许多概念联系起来，并

第七章　教育新实践

且将不同作者的观点作出比较。我们讨论了《魔鬼经济学》与《驱动力》这两本书对于激励作用的异议。我们也讨论了马尔科姆·格拉德维尔与大卫·布鲁克斯两人在自控力与情商的重要性方面所达成的共识。我们将课上所学的内容与日常经历联系起来。我们花了很长的时间用来讨论克里斯·兰根的例子,因为他和典型的中国好学生十分相似。我们探讨了中国的数学天才们在进入社会后可能会在人际与情感方面遇到的许多问题;一名学生告诉我们,他家里的一个朋友考进了少年班,16岁就从大学毕业,而如今30岁的他却成天和早已退休的中科院父母待在家里,无所事事。我们也讨论了克里斯·兰根的大学经历与许多中国留美学生的相似之处。像克里斯·兰根一样,许多中国留学生由于缺乏情商与自信,不敢离开自己的"舒适区",不懂得跟他人打交道。于是他们在晚上、在周末独自坐在图书馆里学习,却反倒取笑自己的美国同学们过于愚蠢与浅薄。

我们在课上讨论的这些书,在下课之后我仍可以听见学生们在走廊或在食堂中继续课上未完的讨论。Julian 是基石班中最为积极的学生之一。他几乎放弃了自己所有的中文课程,全心全意地投入到基石课程的学习中。在进入国际部后的第一个学期里,Julian 不怎么睡觉,经常熬夜玩《反恐精英》。那时他总是如同僵尸般脸色苍白,双眼通红地来上课。老师们都告诉我说,每次当 Julian 回家与父母度过了周末,在周一的课堂上他都显得精神饱满、眼神明亮;可一到周五,他却好像随时都会昏倒在地上,再也无法醒来一样。那时候 Julian 的考试常常不及格,我们给出警告说如果他的成绩再不提高就会被开除。然而现在——Julian 在国际部的第二个学期,他已经成为了基石班里最优秀的学生之一。他不仅每次都能按时完成作业,而且经常会在自己的脑海里反复地回放课上讨论的问题和观点。课堂上的他积极投入,总能提出很好的问题,也总能提出有意思的观点。

　　Julian 并不是唯一一个进步如此之大的学生。许多孩子都曾经对英语与阅读厌恶至极；而如今他们在课堂上却总是兴趣盎然、全神贯注。

　　为了提高学生的兴趣与投入度，我开始让他们分小组进行实验。在《怪诞行为学》中，丹·艾瑞里通过实验发现人们更倾向于在两种相近的事物之间做选择。看看这个例子：有一家旅行社提供价格同样为 2000 美金的"巴黎五日游"与"罗马五日游"。巴黎和罗马都是欧洲最美的城市，这个价钱自然也较为公道。这个旅行社原本以为人们一定会在这两者之间选择其一，所以他们同时提供了这两种旅游方案想吸引更多生意。然而，丹·艾瑞里在书中解释说，由于这两个城市很相近，人们在现实中往往难以做出选择，所以最终常常一个也不选。其实要吸引更多生意，旅行社应该提供这样三个方案："巴黎五日游"，"巴黎五日游（含早餐）"，以及"罗马五日游"，三者均标价 2000 美金。此时作为消费者，我们会发现带早餐的巴黎五日游显然比不带早餐的要划算。那么，既然人们明显会要么选择"巴黎五日游（带早餐）"，要么选择"罗马五日游"，那为什么还要保留没有早餐的"巴黎五日游"这个选择呢？因为当旅行社同时提供这三种选择时，奇怪的事情发生了：此时人们可以做出选择了——绝大多数人选择了"巴黎五日游（含早餐）"，这让旅行社的生意蒸蒸日上。

　　这主要是因为人们的大脑其实并不总是对事物进行精确深入的计算。人们依据情感做决定，可情感却最不擅长数学——它做决定时总是马马虎虎，只求大概。情感不能决定罗马与巴黎到底哪个更好，但它却知道带早餐的巴黎行比不带早餐的要划算。而且一旦它做了决定，就会紧抓着不放。这也是为什么人们无法抗拒"巴黎五

第七章　教育新实践

日游（含早餐）"的原因了。

为了验证这个观点，也为了提高学生们的创造力与解决问题的能力，我决定将基石课程的20名学生分为两组，每一组的学生需自行设计实验。在一周后每组同学向全班展示自己的实验结果。

很快，一周后的成果展示时间到了。甲组首先给我们看了两张图片——一张画的是玫瑰，另一张是紫罗兰。他们利用周末的时间，拿着这两张图片跑到街上逐个地去问路上的行人他们更喜欢哪张图片。结果有一半人选了玫瑰，一半人选了紫罗兰。接下来，他们又加入了第三张图——一张经过电脑处理后颜色更鲜艳，背景更好看的玫瑰图片。这一回，当他们让路人在三张图之间做出选择时，八成人都选择了那张改良后的玫瑰图片。后来他们用经电脑处理后的紫罗兰图片再一次重复了实验。结果仍然是有八成以上的人选择了那张改良过的紫罗兰图片。

接下来轮到乙组展示成果了。他们在家乐福买了3元一包的话梅以及4元一包的巧克力后，开始利用午餐时间在校园里贩卖。第一天他们提供了三种选择：5元一包话梅，5元一包巧克力，以及8元两包话梅。乙组成员告诉我们，所有学生都选择了8元两包话梅。甚至如果有一个学生独自经过的话，他还会拉来同学一起买两包话梅。

第二天乙组重新设计了三种选择：5元一包话梅，5元一包巧克力，以及8元两包巧克力。这一回，所有学生都选择了8元两包巧克力，就连那些前一天买了话梅的同学也一样。

"没错，现在你们都知道怎么发财了，"我笑着对基石班的学生说。"现在是不是觉得这门课很有用？"

当然了，基石班的目的并不是教学生通过耍小聪明来赚钱。我们的目的是让他们学会创造性地解决问题。所以，我们必须找到实际的问题让他们练练手。现在，基石班的学生们都已经学到了许多理念，学会了小组合作，也懂得了设计与操作实验，也是时候让他们用这些知识来完善国际部的管理了。

首先，我们全班一起讨论了国际部目前存在的问题：有学生不完成作业；有学生上课总迟到；有学生不按时睡觉；有学生饮食不够健康也缺乏锻炼；有学生不收拾房间；有学生总在教室乱扔垃圾。

然后，我把全班20名同学分为4组，每组专门负责研究一个问题，并要试着找到一个有创意的解决方法。第二天，4个小组都对不同的问题进行了分析，可他们最后得出的方案却大同小异：他们都提议要对不完成作业、上课不准时、饮食习惯不健康以及不讲究卫生的学生们进行惩罚。

我对他们的提议感到非常失望。在课上我们都已经讨论了很多遍，这种"棍棒与胡萝卜"的方法是不管用的——这正是《驱动力》这本书的主要观点啊。但在我即将要对学生大发雷霆之前，我提醒自己，让学生们犯错误正是《改变自己的大脑》一书中关于神经可塑性一说的主要观点：因为学生们只体验过功利的应试教育体制，这种功利思想已经成为了他们的本能；要是他们没有不同的经历，这种思维方式就无法改变。不管他们看了多少书，听我发过多少次火，都于事无补。

"你们还记得'海法日托中心'的实验吗？"我冷静下来问学生们。有一两个学生想起来了，他们露出了微笑，眼神也变得明亮起来。"《怪诞行为学》和《魔鬼经济学》这两本书都提到了这个实验，"我继续说道，"记得当那个日托中心决定对迟到的家长罚款时发生了什么事情吗？"我看到有更多的学生微笑着点了点头。

以色列海法市的一所日托中心对家长总是迟到的问题很是恼火。家长本应该在下午4点来接孩子的，但是海法的交通状况很差，许

第七章 教育新实践

多家长常常迟到5~10分钟。这意味着工作人员得为他们加班照顾孩子，直到家长出现。于是，有两个经济学家对这个问题提出了一个合乎常理的解决方案：对迟到的家长进行罚款。时间就是金钱，工作人员的加班费应该由迟到的家长来出。当然了，这么做重点不是在于提高日托中心的收入，而是想借此让家长能准点前来。那么，这个方案的效果如何呢？它完全失败了。本来迟到的家长到得比往常更晚，而原本守时的家长竟也开始迟到。是的，日托中心的收入因此提高了，但是工作人员与孩子们都变得非常不开心。甚至在实验取消后，虽然家长已经不必再交罚金，但这种变本加厉的迟到行为依然在继续。

  当我在第四章中讨论出国体系的日报社与咖啡屋两个活动时，我提到了在我们每个人的大脑中都既有一个自我而功利的行为中心，又有一个团体而利他的行为中心，这两大中心是相互排斥的。一旦他们开始相互竞争，自私自利的行为中心总是占上风。我们之所以有两个相互竞争的行为中心，是因为在不同的情形下我们需要有不同的思维模式。在工作中，我们不希望被上司剥削，于是我们需要与他谈判，得到对自己最有利的合同，确保自己的付出与收获能成正比——这时候自我而功利的行为中心就派上用场了。而在与朋友交往时，我们希望能拥有亲密的团体感。于是即便不确定自己的朋友是否会偿还人情，我们也一样会在他们需要帮助的时候挺身而出。如果在社交情况下我们启动大脑里自私自利的中心来进行思考，麻烦就大了。你能想象自己走进母亲家中，大快朵颐了她亲手为你做的家常菜后，然后突然递给她一百块钱的情景吗？你能想象自己遇到一个心仪的女孩，带她去吃饭、看电影，然后在一个浪漫的烛光晚餐中告诉她你认为自己已经花够了钱,现在要求她与你发生性关系作为回报吗?这种行为方式会对我们的人际关系产生无法挽回的伤害。

虽然家长每月都要交学费才能送孩子去海法的日托中心,但这个社区终究还是需要家长用团体而利他的方式来思考的。海法日托中心的家长与工作人员都将彼此视为好朋友并以真诚相待。迟到的家长为此感到十分愧疚,就好像在问朋友开口要钱一样。他们不是故意要迟到,只是经常工作加班,或是遇上了交通堵塞。可一旦加入了金钱的元素,家长们自私而功利的行为中心就被启动,他们将自己与日托中心的关系视为一种生意往来。如此一来,迟到对他们而言只是需要交罚金而已,既然交了钱他们也自然无须感到愧疚了。即使后来日托中心取消了罚款的政策,但家长们依然认为他们与日托中心只是生意关系,于是也就不在乎自己是否迟到了——自私而功利的思维模式总是要比团体而利他的思维模式占上风。

这个海法实验其实与我们在国际部进行的一个实验很相似。我们曾经有一套体制,要求英文基础薄弱的学生必须找老师上每小时200元的辅导课。我们以为这种方式会很好地激励这些学生更加努力地提高英语——但在实践中,却反而让他们的成绩变得越来越糟糕。有一个学生甚至找到他的辅导老师,给了老师200块钱,说了一句他没时间上课,然后就转身离开。

于是我们取消了这个辅导课的体制,我开始在基石班开展了一个助教计划。让国际部学习最好的两名高二学生——刘一凝与杨道存为基石班的学生答疑,并确保所有的学生都能跟上班里的阅读进度。刘一凝与杨道存与基石班的同学一起阅读材料,一起旁听课程,他们会在晚上组织答疑时间,为基石班的学生们解答问题。这个助

教计划给予了基石班的学生们很大的激励与帮助——刘一凝与杨道存都尽心尽力地帮助这些学生,所有的学生也将这两名助教视为自己最亲爱的朋友,他们不想让自己的朋友失望。这个新的体制同时也让刘一凝和杨道存的英文水平得到了很大的提高——他们阅读的时候更仔细了,因为必须要保证自己能回答学生所有的问题。基石班成了一个小社区,里面所有的人都在努力奋进。

让我们回归到基石班学生所提出的解决方案上来:通常,我在鼓励学生犯错这点上深信不疑,可我也担心基石班学生的激励措施后会带来严重的后果。一旦人们脑中自私而功利的行为中心被激发了,就很难再停下来。

"想办法激发同学们大脑中团体而利他的思维模式,"我告诉学生们说。

一周后,四个小组都提出了新的解决措施。甲组选择解决学生上课迟到的问题。通过研究,他们发现学生们通常是在早上第一节课时迟到,于是他们打算每天早上敲门叫醒那些喜欢赖床的同学。乙组选择解决寝室脏乱的问题。他们的解决方法是在每天早晨走访每间寝室——他们认为可以通过"朋辈压力"来激励学生把房间打扫干净。丙组选择解决学生们不爱吃水果的问题。他们的方法是自己出钱,为那些不爱吃水果的同学免费提供各种水果——他们希望这回能让同学们养成每天吃水果的习惯,"他们会把这些水果当成礼物,所以出于礼貌他们必须得吃。"丁组选择解决学生们不完成作业的问题。他们的解决方案是把不完成作业的同学与按时完成作业的同学放到一起,结成学习伙伴。

最后当他们把这些解决措施付诸实践的时候,一个也没有成功。

就像任何一位老师或家长都可以证实的那样,让十多岁的孩子要做到按时起床,按时完成作业,打扫房间,并且健康饮食这根本就是一件不可能的事。但是我们并不是让学生们真正去解决这些问题。我们的目标是培养学生们运用创新的思维来面对、思考、解决他们每天遇到的问题,让他们明白人类其实是情感动物,他们要学会依据人的局限性以寻求问题的解决方法。基石班旨在将中国学生培育成能创造性地解决问题的人——在这点上,我们成功了。

可这并不足够。我们希望能让学生们看到在现实世界中通过创意解决问题究竟意味着什么,其必要性又体现在哪里。我们想让他们亲自体会到,创新能力在当今全球化的经济环境中的重要性。为了实现这些目标,我们在 2012 年 5 月登上了一架飞机,前往全球最具活力、最富创新力的经济体——以色列。

第七章　教育新实践

## 第八章 体验创新——以色列之行

2012年2月,以色列一所大学的驻北京代表来北大附中国际部参观。他(奥利维尔)又高又瘦,留着棕色的卷发。以前曾是一所法国报社的记者。如今在帮助被誉为"以色列的MIT"的以色列理工学院招收中国学生。他在我们的办公室里坐了下来,摇了摇头,用低沉而温和的嗓音说:"当中国人听到'以色列'这个词的时候,他们只会想到巴勒斯坦人与自杀性爆炸袭击。中国人不知道以色列是一个开放的现代化国家,是全球最有活力的经济体之一,有着全世界最好的大学。许多全球顶尖的工程师都是以色列理工学院教育出来的。我们刚刚受到纽约市长迈克尔·布隆伯格的邀请,去纽约开一所分校。"

我点了点头。说来也巧,我刚刚看完了一本名为《创业的国度》的书,其中讲述了以色列是如何培养出世界顶尖的企业家与工程师的。这本书也提到,像谷歌与苹果这样的高科技公司都将全球研究中心建在以色列，以发掘那里的优秀人才。所以，当奥利维尔通过e mail联系我时，我便邀请他来国际部参观。

"奥利维尔，我完全明白你的意思，"我告诉他。"我有兴趣与你合作，组织我们的学生去以色列参观一周——我想让他们亲眼看到以色列的企业文化。"

奥利维尔看上去对我的提议感到颇为吃惊。"可是，你的学生会愿意去吗？"他问道。"他们的家长会同意吗？"

"这是个好问题，"我答道。"去年，我们组织学生去美国待了六周。在大部分时间里，他们要么在康涅狄格州雷克维尔镇的霍奇科斯中学学习英文，要么在美国的东北部旅行并参观大学。所有的家长都很喜欢我们的安排。我还组织了一个为时一周的独木舟漂流。很多家长都给我们打电话说他们感觉十分担心。他们一想到自己的孩子会在独木舟上满身大汗，或是在满是蚊子的河滩上睡觉，就感到浑身不舒服。可当学生们从美国回来的时候，每个人都对自己的经历滔滔不绝。他们不断地谈论自己是如何每天划船8小时，如何登陆河滩，如何自己搭帐篷，如何自己做饭，又是如何在漫天繁星下睡着的。如今，他们告诉我们说，独木舟漂流是他们美国之行中最棒的一周，是一次让他们永生难忘的经历"。

"就在上个月我们将15名学生送往博茨瓦纳的嘉柏隆里市。学生们告诉我们说，在他们去非洲以前以为那里贫穷、肮脏而且危险；可在回来以后，他们告诉同学们非洲人是多么友好，非洲的空气是多么清新，而中国又是有太多该向非洲学习的地方。相信我——如果我们组织一次以色列之行，至少有28名学生会报名参加。"

奥利维尔点了点头，像是被说服了的样子。"你想什么时候做这个项目？"他问。

第八章 体验创新——以色列之行

"我们只在五一长假有时间。"我说。

"可那太早了,"奥利维尔说。"我需要联系以色列理工学院,征求他们的同意。而且日程怎么安排?机票怎么订?签证怎么办?医疗保险怎么买?有很多事情需要安排呢。"

"奥利维尔,北大附中国际部有着行事果断的光荣传统,"我告诉他说。"我们在去美国与博茨瓦纳的时候也没有过多地计划。虽然落地后也出现了一些问题,可我们能很快地调整适应。我明白这意味着你会需要做很多的工作。如果你能组织这次参观那最好。如果不能,试一试又何妨?"

"我觉得你们在以色列会非常适应的,"奥利维尔说着,点了点头。"以色列也有着行事果断的文化。可是两个月的时间真的不够。"

结果证明,奥利维尔是对的。要组织二十多名中国学生去以色列进行一周的参观,两个月的时间根本不够。我们在五一假期前一周才买好机票,学生们在临上飞机前才拿到以色列的签证——这还是奥利维尔恳求以色列驻中国的大使官员帮忙才办成的。最终学生们还是拿到了签证。但只要过程中有一个小失误,或者稍微的运气不好,我们的行程就不得不取消。可正是因为不怕失败,我们成功了。

在以色列的第一天,我们游览了阳光浸透、城墙四筑的古城耶路撒冷。在下午,我们参观了犹太人大屠杀博物馆。第二天,我们来到了 Jerusalem Venture Partners——一个 90 亿美金的风险投资基金,用以寻找下一个马克·扎克伯格或史蒂夫·乔布斯。他们希望找到这样的媒体企业家:他们二十几岁,精力充沛,熟悉门道,有志于通过做出"下一个大发明"来改变世界,自己也在过程中赚上数十亿美金。Jerusalem Venture Partners(JVP)比起工作场所来说,更像是一个大学校园——洁白、明亮的办公建筑群,其间有一大片绿荫草地，在上面企业家与基金经理们一同享受以色列金灿灿的阳光，抿着健怡可乐，互相交换不同的点子。

依我们的要求，奥利维尔安排了JVP为我们做一个演讲，内容是：要想成为一名企业家究竟需要些什么。JVP其中的一位分析师名字叫基甸——他是一名来自伦敦的犹太人，穿着蓝色衬衫与卡其裤。基甸告诉我们，企业家需要能够提出很好的问题——这种能力标志着好奇心、创造力和勇于承担风险的精神。最好的企业家都是拒绝接受现状的。他们不乐于朝九晚五地工作，不盲从权威，不安于掰着手指数着还有几年才可以拿到退休金。像史蒂夫·乔布斯一样，他们总是忙于颠覆世界，依照自己的形象重塑世界。提出穿透性的，甚至有些鲁莽的问题是一个开始：事情为什么必须这样？有没有一个更迅速、更便宜、更有效的方法来做同样的事？如果我问出了问题而你说不出答案，为什么老板是你而不是我？

可是仅仅既聪明又骄傲、既富有才华又热情高涨并不足够。许多聪明、骄傲、有才、热忱的企业家最终并没有成功。要想成为成功的企业家还需要有成熟的心智与娴熟的社交能力，这样才能够与人合作。在任何项目或工作场合中，都会有矛盾与挫折。投资人与企业家之间常常有相互对立的议程、愿景与目标。在一个企业发展的过程中，政治斗争是在所难免的。对于新生企业而言，失败的风险很高，而每天都会有新的挑战、问题以及挫折。一个企业家需要不屈不挠，懂得如何与不同的人相处，明白何时应当退让，何时应当坚守原则。基甸告诉我们说，矛盾的确很糟糕，但是在人们共同工作的时候矛盾总会出现——矛盾其实是件好事，因为它激励人们更加创新，促使产品更为优良。

在基甸离开后，下一位演讲者——道格走了进来。他是一个和蔼可亲的美国人，穿着牛仔短裤与蓝色T恤衫。他是一名企业家与

第八章 体验创新——以色列之行

媒体高管,曾在好莱坞工作了20年,然后移居到耶路撒冷来创办世界的下一个皮克斯动画工作室(皮克斯是全世界盈利最高的动画公司,曾由史蒂夫·乔布斯领导,作品包括《海底总动员》,《汽车总动员》等好莱坞动画大片)。道格来到以色列的原因很简单:以色列有着全世界最具创新力的电脑工程师。动画制作需要强大的电脑计算能力,因而既是艺术项目,又是工程项目。

"那是我的工作,"道格笑着说。"我的工作就是确保艺术家(他们总'以为'自己是对的)与电脑工程师(他们总'知道'自己是对的)和谐相处。可以这么说,我的工作就是想办法让截然相反的两极相互吸引。"

坐在房间的最后边,我举起了手,问道格说:"你玩儿的时候都干些什么?你在工作之余都做哪些事?"

道格挠了挠头,露出了微笑:"哇,还没有人问过我这个问题呢,要知道我们Jerusalem Venture Partners可是有过不少来客的。在工作之余我喜欢玩儿极限飞盘。不过你们知道吗?如果我和我的团队不热爱我们所做的事情,我们是不会去做的。我们的艺术家们在工作时间画画、做模型,可在下班以后他们会徜徉在古城耶路撒冷的街道上,坐在路边速写、涂鸦,直到黑夜降临无法继续才停下。和富有创造力的人一同工作的好处就在于,他们总是在不断地努力,让自己变得更有创造力。"

接着,我又问了一个从没有人问过道格的问题:"如你所知,道格,我们来自中国的一所公立高中。我们来以色列是为了学习要想成为企业家,成为有创意的人都需要具备哪些素质。你能告诉我们:在高中你都学到了什么?"

道格扬起了嘴角,笑出声来:"在高中的时候做了很多戏剧表演,"道格说。"自12岁开始,我就上台在人们面前演出了。这种经历会给人一种风度与自信。同时，在高中我也是童子军的小队长，需要组织、领导十多个比我小一两岁的孩子——这让我积累了很多的社交能力，也为我如今管理自己的团队做好了铺垫。"

"在高中有发生过对你的人生产生重大影响的事吗？"我继续追问。

"嗯，想来还真有那么一件事，"道格说。"读完高中后，我决定去好莱坞工作。所以，当我从澳大利亚的一所大学毕业之后，我父亲开车载我到了好莱坞的一条街上，然后送了我一句'好运'。于是，我挨家挨户地敲各个工作室的门，做足了可能要白干一阵子的心理准备，只为能学会行情，跨入这门生意的门坎。我敲的第一扇门是环球影业的，他们的一位高管说：'我们需要一个会电焊的人——你会电焊吗？'说来也巧，这我还真会。高中的时候我上了一门电焊课因为……嗯，为什么不呢？我就这样获得了那份工作。"

"当我在环球影业开始工作以后，我发现有几个人每天吃完午饭都聚在一起打篮球。我在高中打过篮球，所以就加入了他们的午间球赛。后来我才知道，他们都是公司的高管。他们对我很是照顾，转眼间我自己也成了高管。生活真是奇妙，对吧？"

"你的家长和老师没有觉得数学和物理课才能助你走进更好的学校，因此叫你停止童子军、演戏、篮球和电焊这些活动吗？"我问。

"澳大利亚的家长和老师没有那种思路——他们只想让你做自己，"道格说。"我猜在中国的状况可能不大一样，是吗？"

"是啊，应该是非常不一样吧。"我回答。

在JVP的演讲之后，我们上了大巴，前往下一个目的地——死海。这是全世界海拔最低的湖泊，其中湖水的含盐量之高让人无法沉入水中。在两个小时的巴士途中，我走到巴士前端，拿起了麦克风，开始与学生们讨论JVP的演讲与基石班课程之间的关系。

第八章 体验创新——以色列之行

"好的,还记得基甸告诉我们,企业家必须不屈不挠,能与不同的人相处,并且善于适应不同的环境吗?"我开始说。"这叫什么?"

"情商。"同学们一齐喊道。

"没错,这是情商或者自控力,"我说。"Julian,你还记得《异类》这本书里的克里斯·兰根吗?告诉我们他是如何因为缺乏情商与自控力而在生活中失败的。"

坐在巴士后排的Julian告诉我们克里斯·兰根有着美国最高的智商,在SAT上拿到了满分,并以全额奖学金被里德学院录取。克里斯的学业成绩很好,但却没交到什么朋友,只是一个人待在图书馆里。在大一快结束的时候,克里斯·兰根发现由于里德学院管理层的一个失误,他的奖学金被取消了。在这种情况下,他本应该给管理人员写一封信,请求他们能够理解并给予帮助。至少,他也应该寻求教授的帮助。可是,他只是对里德学院的无能感到愤慨,然后辍学而以酒吧保安的身份度过了余生。

"现在,你们觉得道格有情商吗?"我问学生们道。

他们都同意他有,并解释说道格的情商体现在他与环球影业高管交朋友的这件事上,也体现在他能让艺术家与工程师——两个共同处少,难以相处的团队——一同工作的能力上。

"那么,道格是通过哪些事情发展了自己的情商呢?"我问。

学生们轮流回答:道格在台上演出;他是童子军小队长;他在篮球队中比赛;他自己独立做决定,上他感兴趣的课——例如电焊课。

我满意地点了点头。"对,没错。他是通过让自己走进不同的环境,结识不同类型的人,做自己的决定,为自己的决定负责,并且不断用新的经历挑战自己,才练就了在好莱坞成功所必需的自信心,社交能力,与成熟的心智。这在你们看来都有道理吧?"

所有学生都点起了头，低语着同意。

"在基石班里我们也读了《创意阶层的崛起》这本书，"我说。"刘一凝，向我们解释一下，道格和他的团队是如何代表了创意阶层的精神与生活方式的。"

城市研究理论家理查德·弗罗里达在2002年出版的《创意阶层的崛起》一书讲述了美国的3千万知识工作者是如何成就了美国的经济优势，是如何为全球经济不断注入新的点子、产品与思路。经过对美国教育家、科学家、工程师、记者、教授、医生、律师、作家、平面设计师、艺术家与企业家进行的上千次访谈之后，理查德·弗罗里达发现他们都有几点共性。首先，作为创意性的个人，他们都集中在能让自己变得更有创意的工作、地点以及人际圈中。这意味着他们需要一个多元化的工作环境，在其中有许多才华横溢、野心勃勃的人——而正因为Jerusalem Venture Partners吸引了全球各个领域的创新人士，它成为了这样一个创造性的社区。创意阶层固然看重金钱与地位，可他们也同样重视自主与挑战。在JVP，道格为了建立以色列的皮克斯动画工作室，可以自由去做他认为是必要的、正确的事。其次，因为创新阶层的动力源自内在，并且热爱自己的工作，他们对工作时间并没有严格的界定，休闲对他们来说只是工作的延伸。就像道格在JVP告诉我们的一样，他的艺术家们在赋闲的时间中游走于耶路撒冷寻找灵感，并且不断地绘画以维持自己的创造力。因为创造力是一项高强度的脑力活动，创新阶层在工作之余往往喜欢做些体育活动。道格喜欢跑步与极限飞盘；创意阶层喜欢的活动还包括徒步旅行、骑单车、攀岩以及其他挑战他们身体极限的活动，就像他们在工作时挑战自己的脑力一样。

"如果你们成为了中国创意阶层的一员，你们就会在像JVP这样的地方工作，"我在大巴上告诉学生们说。"你们会在项目中与来自

▲ 第八章 体验创新——以色列之行

不同背景与领域的人一同工作,你们不仅需要与他们合得来,还需要能够建设性地批判与挑战他们。如果你提得出好的问题,给得出好的评价,同事们就会尊重你。如果你只是一言不发,被动而漠然地工作,你就会被炒鱿鱼。"

然后我给学生们布置了作业。我告诉他们在晚上吃完饭后,他们需要一同坐下,分享他们迄今为止对以色列经历的想法与意见。奥利维尔把我们的行程安排得满满的,仅在两天里我们就游览了古城耶路撒冷,犹太人大屠杀博物馆以及JVP。我叫学生们写三篇博客,讲述他们参观这三个地方的经历,并分别发表在我们的中英文网站上。

"这会帮助你们对这两天的见闻形成观点、加深理解并消化吸收,"我告诉学生们。"这能提高你们观察、思考与写作的能力——会帮助你成为中国创意阶层的一员。我明天必须看到这三篇博客——否则的话……"

我放下麦克风,坐到奥利维尔的旁边。

"你不觉得这个作业量有点太大了吗?"奥利维尔对我说。"我们每天的行程都很忙碌。6点要起床,收拾书包,吃早饭,然后在8点前上巴士。我们每天都要开车去两个不同的地方观光。你难道不是该让他们在晚上好好休息吗?如果他们睡眠不足怎么办?"

我耸了耸肩,笑了。"他们不会有事的,"我说。"他们习惯了这种作业量,也习惯了抱怨作业太多。如果我没有布置太多作业来挑战他们的话,他们可能还会觉得是我不对劲了呢。另外,他们其实喜欢这种小组合作。"

"叫以色列的学生去干任何事情都是不可能的——他们就会抱怨、发牢骚,"奥利维尔说。"你没法让他们8点前起床,他们总是迟到。如果你让以色列的学生一个晚上写六篇博客,他们会造反的。"

我耸耸肩说:"他们是中国学生。"

"如果今晚他们没有完成博客的话,会怎么样?"

"噢,你不会想要知道的。"我说。

那天晚上,在死海游完泳,吃过晚餐之后,学生们在房间里挤成一团,一同分享他们各人对旅途至今的印象与回忆。次日早晨,在我们登上巴士前往海法之前,我抓紧时间上网一查,发现六篇博客都上线了。在巴士上,我给奥利维尔看了一段刘一凝在与同学们讨论之后写下的文章,关于参观耶路撒冷犹太人大屠杀博物馆的经历:

> 对于 Gilbert 来说,犹太人大屠杀博物馆之行最难忘的经历是导游给我们讲的小故事。"其中一个故事尤其让我感动,"Gilbert 解释说。"一个从犹太人大屠杀中生还的女人来参观这个博物馆时,她在墙上看到了一张照片,上面是她自己与她曾经的男朋友。她的男友在一场大规模杀戮中遇害了,这张照片是从他尸体的口袋中找到的。这位女士说,在当时他们还不是正式的男女朋友关系。她对他情有独钟,但却不确定他是否也喜欢她。她说,在看到这张照片后,她确信他是爱她的。女孩怀疑自己的感情是否一厢情愿,这是一个简单却又普遍的爱情故事。这个故事让我感到犹太人大屠杀这件事更为真实,更加悲剧。"
>
> 作为一群参观博物馆的中国学生,我们无法像犹太访客一般,与这个历史事件建立直接的情感联系。然而,这也让我们能有稍微不同的视角来看待整个事件。我的一些同学评论说,这次参观让他们意识到,人类对待彼此的方式能有多么可怕。
>
> "我想,欺凌弱者是人类的本能。在犹太人大屠杀这件事情

上,这一本能被放大到了令人发指的程度,"Gilbert 说。"其实,欺弱行为之普遍令人担忧。在学校里这种行为处处皆是。在我的初中,班上的男孩都喜欢找一个女孩的麻烦。这是一件很小的事情引起的;大多数同学可能都已经不记得发生什么事了。起初我以为他们只是偶尔说她一两句坏话,可是事情却愈发恶劣起来。我觉得有些男孩觉得这样做不对,但是他们不敢出头说话,所以也就随大流了。"

婉莹指出,这个历史事件的悲剧并不只在犹太人一边上演。"参与这些大规模屠杀的德国士兵很多都是年轻人。他们在战前一定都有自己的生活:朋友、女朋友、梦想……他们在战争中所经历的创伤一定十分可怕。"

奥利维尔点了点头,赞许地说:"写得不错啊。"

我拿起巴士上的麦克风,表扬同学们在合作写博客的任务中做得很好。

"你们昨晚表现得非常棒。所以,我们今晚继续做同样的事。"我说。

学生们叽叽喳喳地抱怨起来。"今晚又没得睡觉了。"一名学生摇着头说。

"不仅今晚,我们每天晚上都要写博客,"我说。这让学生们都惊叫了起来:"不,他是认真的吗?他不可能是认真的啊。这样我们这一路都睡不了觉了。"

在我放下麦克风,重新坐下之后,奥利维尔对我说:"我在想——你的学生们都很有纪律,很专注。但是他们不像以色列的学生一样敢于说话——他们不喜欢提问。"

"这是因为自从上幼儿园的第一天起老师就告诉他们不要提问,"我回应说。"在中国,提问是一件没礼貌的事——尤其是对权威人物,例如对老师。"

"但在以色列不提问才没有礼貌。"奥利维尔说。

为了支持自己的观点,奥利维尔在特拉维夫带我去见了一名高中校长。她告诉我,在以色列所有学生都被鼓励去问问题,去挑战老师。"在以色列,我们认为羞怯是一种学习障碍,"她说。"如果我们发现一名七年级的学生总一个人待着,我们会找心理学家帮助他克服害羞的心理。"

"害羞是学习障碍?"我难以置信地问。"照这个定义,大多中国学生恐怕都要算是傻子了。"

以色列之行的最后一天,奥利维尔安排我们去海法的以色列理工学院参观。以色列理工学院是他的雇主,也正是以色列理工学院邀请我们来到这个国家的。奥利维尔希望我们能给他们留下一个好印象。他花了两个月的时间来准备这次参观,因而我可以感受到此刻他的紧张。

"以色列理工学院为我们准备了一整天的演讲与活动,"奥利维尔说。"校长会过来与你们交流一个小时。我担心你的学生不敢发言、不会提问。"

"奥利维尔,我非常感谢你在两个月中如此努力地工作,为我们安排好这次旅行。我能理解你身上有很大的压力,"我真诚地看着他说。"不过相信我——我了解我的学生。他们现在之所以不问问题,是因为他们一辈子都在压制提问的欲望。可一旦到了以色列理工学院,他们就会提出非常好的问题,他们会给所有人留下好印象的。基石课程赋予了他们非常强的思考与分析能力——如今到了将这些知识运用到现实生活中的时候,他们一定会这样做的。"

"你确定吗?"奥利维尔还是很担忧。

"我确定,"我答道。我说谎了,实际上我一点儿也不确定。但

作为一名老师,我明白我只能对学生耐心,给他们信任。

在以色列的最后一天,我们开车前往位于地中海沿海的海法市的以色列理工大学。车窗外,金色的阳光猛烈地照射着,以色列南部荒芜的沙漠逐渐转变为北部青葱的田野。

"今天,大家都知道我们要去'以色列的MIT'——以色列理工学院听一整天的讲座,"我再一次拿着巴士上的麦克风说。"还记得JVP是如何孕育传媒公司的吗?以色列理工学院孕育着以色列的企业家。以色列创新企业文化的秘密,就在以色列理工学院之中。现在,谁还记得《创业的国度》一书中关于以色列理工学院的一些细节?"

基石班读物之一——《创业的国度》是由丹·赛诺与索尔·辛格在2009年出版的。它试图解释为什么以色列不顾它的种种局限,依然成为了世界上最具活力、最具创新力的经济体。如果说有一个国度能代表"不可能的任务"这一说法,那就非以色列莫属了。这个小小的国家开车仅6小时就能穿越,可它却有着800万的人口。它与埃及和叙利亚接壤。这两个国家在1948年以色列成立的时候都拒绝承认它;这两个国家都曾试图通过军事侵略、外交施压、甚至恐怖主义来消灭以色列。事实上,以色列所在的地区——中东——几乎全是穆斯林国家。中东地区的国家都对以色列充满敌意,其中许多都支持并资助针对世界各地以色列公民的恐怖行为。

但是,与沙特阿拉伯与阿拉伯联合酋长国不同,以色列并没有富裕的石油资源。事实上,以色列没有任何自然资源。它只有一个淡水资源——加利利湖。这个湖泊最近登上了头条新闻——它的水位之低,导致以色列人一整周都无法洗澡。如果加利利湖这个水源遭到一次生化袭击的话,以色列这个国家很快就会不复存在。而在以色列仅有的陆地当中,有一半是沙漠。

然而，尽管以色列有着种种的局限与困难，它不仅存活了下来，而且还兴旺繁荣。丹·赛诺与索尔·辛格在《创业的国度》中解释说，以色列的成功是由于它成为了一个世界实验室，创造出口到世界各地的商品与科技。如今，以色列有将近4000所创业公司，比世界上任何一个国家吸引的人均风险资本投资都要多。在纳斯达克证券交易市场上市的公司中，以色列的公司比所有欧洲公司加起来还要多，数目仅次于美国。以色列真正主导的是工程与高科技创新行业。据《创业的国度》所说，以色列"是世界上工程师占人口比例最高的国家，同时人均研发开支在世界上也居于首位"。《创业的国度》中提到，以色列的工程师是如此的优秀，以至于世界领先的高科技公司——微软、英特尔、谷歌、思科、苹果、IBM——都将它们的全球研发中心设在以色列，以求获取更高的利益。

让以色列工程师出类拔萃的秘诀在于，他们敢于进言、提问并挑战权威。他们坚持自己所相信的一切。在《创业的国度》中，我们看到了这样一个故事：英特尔公司在以色列的一个工程团队开发出了一种新的芯片，能让手提电脑与台式机功能一样强大。但是英特尔公司在加利福尼亚州的管理人员并不理解这个新的技术，对之甚是冷淡。以色列的工程师们认为他们的美国上司正在犯下一个大错误，于是他们便不断地前往加利福尼亚。每去一次，他们都会展示更完善的数据，证明这种芯片的优越性。很快，美国人在以色列人的穷追猛打之下终于让步了，开始销售这种新的以色列芯片。这种芯片不仅为英特尔带来了数十亿美金的收入，而且还为家用电脑产业带来了一场全新革命。

以色列的工程师们不仅能研发出革命性的芯片，还懂得如何让这场革命成为现实。他们是从何处学会这种能力的呢？

如果说以色列是世界的实验室，那么以色列理工学院就是以色

列的实验室。以色列理工学院坐落于地中海岸边，校园分布在起伏的山丘上。这个拥有 12000 名学生的学院孕育着那些驱动着以色列高科技革命的企业工程师们。微软、英特尔、谷歌、思科、苹果与 IBM 之所以将全球研发中心设在海法，其中部分原因就在于他们招聘的大多数工程师都毕业于以色列理工学院。在纳斯达克上市的以色列公司中，四分之三的 CEO 都是以色列理工学院的校友。以色列所有的航空航天工程师也都毕业于以色列理工学院。

以色列理工学院建立于 1912 年。那时它是一所工程学院，因为许多欧洲国家——包括德国与苏联——当时都拒绝录取犹太人进入它们的工程院校。当以色列在 1948 年建国时，以色列理工学院已然变为一所研究性大学，致力于通过跨学科的手段，将以色列最严峻的问题变为它最具效益的出口机会。

在以色列理工学院的一日行中，我们遇见了学院的土木工程系、水资源管理系以及生物系的教授。他们告诉我们，由于以色列的需求，他们将整个国家作为实验室——因为以色列有着种种严峻的问题，全世界再也找不到比它更好的实验室了。

"以色列在地震区，它的大多数建筑都太古老了，无法承受地震，"土木工程教授拉斐尔·萨克斯一边对我们说着，一边带领我们参观他的学生们用来测试建材抗震能力的实验室。"以色列没有足够的资源与时间把每栋楼房拆掉重盖，所以我们必须创新。在以色列理工学院，我们研发出了一种高分子聚合物，可以安装在老建筑上。如今，当地震发生，楼房开始摇晃的时候，这些聚合物会形成一股阻力，与楼房摇晃的运动相对抗，从而将它们稳定下来。"

"你的意思是说，地震中使楼房坍塌的，其实是楼房摇晃时的惯性吗？"一位学生问道，其他学生们忙碌地记着笔记。

"对，这是其中一部分原因，"萨克斯教授回答着，点了点头。

"问得好。"

"还没有测试完全就将解决方法付诸实践,这不是很危险吗?"另一名学生问道。

"在这个实验室里,我们尝试尽可能多地测试我们的新产品,"萨克斯教授答道。

"但要想完全模拟现实是不可能的。这也就意味着我们必须对产品的质量报以开放而诚实的态度。如果一旦出现问题,我们也必须准备好要立即应对。没有比以色列更好的实验室了。如果这些聚合物能帮助楼房抵抗以色列的地震,它们就可以运用在任何地震区了。"

诺亚·加利尔教授也给了我们同样的答案。他的水资源研究所尝试通过海水脱盐来解决以色列淡水资源缺乏的问题。这其中的原理是,通过滤除海水中的盐分与化学物质,使其成为安全的应用水。按照以色列现在建设海水脱盐设施的进度,在2020年海水脱盐就可以满足以色列全部的水资源需求。

"在我们进行脱盐的时候,我们发现我们在滤除水中有害化学物质的同时,也过滤掉了太多有益的化学物质,"加利尔教授一边对我们解释着,一边带我们参观他的海水脱盐实验室。脱盐后的海水被用于浇灌粮食,这些粮食随后会被输出到欧洲。以色列的科学家发现,通过脱盐海水灌溉的粮食营养不足,可能会致病。他们立刻通过对脱盐海水添加钙、镁等矿物质解决了这个问题。将这个技术注册专利的以色列理工学院教授如今获得了300美金的风险投资资本,用于成立自己的公司。

"我们从不遮掩问题——我们立即承认,然后予以解决,"加利尔教授告诉我们。"要记住:在问题与失败中才有真正的机遇。"

"可这种方法道德吗?"一位学生问。

第八章 体验创新——以色列之行

"这是个好问题,"加利尔教授说。"但在以色列,需求胜过一切。我们以色列人愿意冒很大的风险是因为我们别无选择。这就是为什么许多优秀的水资源管理教授都愿意来我们这里——我们在风口浪尖上,敢于做一切他人不敢做的事。"

我们那天最后见到的,是以色列理工学院的校长:裴瑞茨·拉维博士。"我的教授们告诉我你们很会问问题,"拉维教授对我们的学生们说。"在以色列我们喜欢这一点——我们想要吸引优秀的中国学生,让他们学会以色列的工程知识与实践经验,回到祖国成为企业家,帮助建设我们两国之间的友好桥梁。我们已经在与南京大学讨论建立合作关系。纽约市长迈克尔·布隆伯格已经邀请我们去纽约建一所分校。"

刘一凝举起了手,问道:"纽约市为什么会邀请以色列理工学院?"

"问得好,"拉维博士说。"纽约市希望建立自己的硅谷。但硅谷之所以是硅谷,都多亏了斯坦福大学。而斯坦福之所以是斯坦福,都多亏了它的创业型工程文化。纽约市希望我们成为它硅谷的核心,是因为他们喜欢我们的创业型工程文化。"

"那么,是什么让以色列理工学院如此的具有创业性呢?"刘一凝追问道。

"在这里,我们鼓励学生提问并挑战老师,"拉维博士说。"你需要批判性地思考,提出难答的问题。只有这样,才能保证新的软件、新的药品的质量与安全性。在现实世界中,如果没有人能批判性地思考,并问出难答的问题,公司就会蒙受上十亿的损失,也有许多人会丧失性命。"

"所以,这就是以色列创造力的秘密喽?"我问道。

拉维博士点了点头。"把来自不同背景与学科的不同人汇聚到一起。让他们在一个安全、开放的环境中相互质疑、相互辩论,直到最好的点子胜出为止。碰到了失败或者问题,那就回到制图版前把问题解决——对自己犯下的错误一定要诚实面对。"

在前往特拉维夫机场的途中,我最后一次拿起了麦克风,说:"拉维校长告诉我们一定要坦诚面对错误,并且立即纠正。除了以色列以外,还有哪个地方遵循这个理念?"

学生们都笑了,齐声答道:"北大附中国际部。"

"没错,在每周的家长信中,我总是开诚布公地谈论我们犯下的错误、经历的挫折、承受的失败,并对于我们应该如何继续向前提出行动方案,"我对学生们说。"回头看看这两年我们走了多远,你们就会明白承担风险、承认失败以及纠正错误是多么有效。我们过去一而再,再而三地变更课程。对此,虽然你们中有不少人都曾连声抱怨,现在回头来看你们就会发现,这是为了确保你们能够获得最好的教育。为了送你们去美国、博茨瓦纳与以色列,我们冒了极大的风险,可如今你们可以说,因为自己在旅途中学到了如此之多,所以这些风险都是值得的。敢于冒险,开放与坦诚地面对失败,并且纠正自己犯下的错误——正是通过这种方式,我们作为一所学校才有了今天的成长;正是抱着这种态度,以色列才成为了如今这个精力旺盛的经济体。我希望你们终生记住这个道理。"

然后我转向奥利维尔,说:"现在,我想真诚地感谢奥利维尔为我们安排了这次开拓眼界、改变人生的以色列之行。"

学生们热烈地鼓起掌来。奥利维尔站起身,接过了麦克风。

"正如你们在过去这周所见到的一样,以色列人善于批判,却拙于赞赏,"奥利维尔说。"可我真得表扬表扬你们。这次旅行原本是为了让你们学习以色列的创造力,可你们却反而教会了我许多,让我看到了中国的创造力。我见识了你们在旅途中是多么努力地用功

第八章 体验创新——以色列之行

141

与学习。每当参观完一个地方之后，在巴士上江老师就会把你们的见闻与课上的知识联系起来。然后在晚上，你们坐下来互相讨论自己学到了什么，并且将自己的经历写成博客。听好了，你们融合了东西方文化最优秀的特质。你们有动力与纪律——这些是中国的传统特点。可你们也很能相互合作、提出好问题、做出优秀的观察。你们的英文能力也很不一般。你们得到的是非常好的教育，如果你们继续做你们现在正在做的事，我相信你们在生活中会十分成功的。"

学生们纷纷鼓掌。

"以色列理工学院的所有人都对你们称赞有加，"奥利维尔继续说。"你们兴趣充沛、精力集中并且提出了许多非常好的问题。我们都十分乐于接受你们作为以色列理工学院的学生。如果你们之中有任何人希望来这儿念书，我们都会提供全额奖学金。再一次，谢谢你们让我看到中国的创造力是如何产生和发展的。如果中国的其他人都像你们一样，那这个国家便会势不可挡。"

听完奥利维尔的这番话，我们的以色列之行也落下了帷幕。如今，学生们已经亲自体验了创造力在现实世界中意味着什么。那么现在是时候将基石课程与以色列的经历结合起来了。我们要把这些知识运用到一个新的计划中，以检验国际部在培养学生成为中国创新阶层这一点上，究竟做得怎么样。

为了达到这个目的，国际部的全体师生都要前往一个新的目的地——广西阳朔。

# 第九章　中国创新阶层的未来

2012年5月27日,我们从特拉维夫返回北京。这距离我们迄今为止最宏大的项目——为期一周的广西阳朔之旅仅一个月不到的时间。届时国际部40名学生将一同飞往阳朔,在那里,它能告诉我们究竟国际部在培育学生成为中国创新阶层的教育上成效如何。

美国城市研究理论家理查德·弗罗里达在他2002年出版的《创意阶层的崛起》一书中,向全世界介绍了美国约三千万的科学家、工程师、律师、教师、艺术家、平面设计师、企业家和其他知识工作者,与好莱坞电影及苹果手机共同重塑、定义了全球经济市场。这些富有创意的工作者在多元的领域里从事着强调合作的工作,原因很简单——牛顿和爱恩斯坦的年代已经一去不复返了,创意不可能再由单独的个体产生——它要求拥有不同视角与技能的不同个体一起携手合作,并不断地在工作伙伴间提出建设性的挑战与

批判,从而不断萌发出新的点子。更重要的是,理查德·弗罗里达在书中指出在他对美国上千万的创新阶层的采访中发现,创造力不仅仅是工作的产物——它在本质上应该是一种心态、一种生活方式以及一种身份认同。美国的创新阶层大都青睐那些能为他们提供挑战性工作环境的公司——因为这能最大限度地激发他们的创造力,让他们找到志同道合的人;他们也喜欢搬到像这样的城市里生活:有徒步旅行的好去处,到处能吃到健康的食物,能在周末玩乐队——因为赋闲时刻的休闲活动能更好地激发他们的创造力。在美国的创新阶层眼中,工作与休闲其实没有区别——他们所作的每一件事都是为了能更好地维持、增强自己的创造力。

我深信中国的经济在未来的十年里将发生翻天覆地的转变,尤其是在创新鼓励方面,相信会像当今美国经济所做的一样。而我成立北大附中国际部就是为了让它成为培育中国创意阶层的摇篮。为了完成这个使命,我们送学生们前往美国、博茨瓦纳和以色列,我们开发独特的体育项目,开设基石课程——它们是达成使命的核心组成部分。2012年6月的阳朔之旅,它更是会为我们检验国际部在培养学生成为中国创意阶层的教育成果。

我很有信心此次的旅行将会十分顺利。国际部在第一年里确实走得崎岖艰辛,可在接下来的这一年中,学生却因此变得愈发成熟,每个人都愈发地专注与自律。博茨瓦纳和以色列的旅程相当成功,而这次我更是委派了两位得力主将负责项目的安排。一位是我们来自美国的外教,他的中文名字叫胡杰,专门负责此次项目的课程安排。而另一位负责项目后勤工作及财政预算的是我们的办公室主任李红。我们三个为那一周极具挑战同时也充满无穷乐趣的行程一起合作、策划。每天上午,40名学生将会一起参加此次创意阶层项目的户外活动——单车骑行、攀岩以及皮划艇。下午,他们则会以小组为单位,在一所离阳朔市中心约 40 分钟车程的小学里支教,教当地的孩子学习语文、数学和英语。

那天坐在从北京飞往桂林的飞机上,我心中兴奋难掩,因为我对这次阳朔之旅太有信心了,我坚信它必定会是我们这一年中取得的最辉煌的成就。

可到了阳朔的那一整周里,我几乎每晚都无法入睡。在如此一个有名的旅游胜地,阳朔的夜晚总是灯火辉煌,人声鼎沸,我住的酒店离西街很远——那里的酒吧和夜总会会一直营业至凌晨 2 点。每天晚上 11 点我就已经全身乏力地躺在了床上,因为我必须要在第二天早上 6 点起床。在阳朔过的每一天就好像是三天浓缩而成的那般繁冗。每到夜里,疲惫、睡眠不足,以及我对睡个好觉的强烈向往都掺杂在一起,它们只会让我躺在床上干瞪眼。我的脑海里总是不受控地循环播放着前一天所经历的画面,并重复提醒着我对第二天到来的恐惧。这一切就仿佛是有人在反复地变换着电视频道一样。

抵达阳朔的第二天,整个行程就被证明了是一场灾难。那天早上我们在雨中缓慢地骑着自行车,雨水让原本就坑洼不平的田间小路变得泥泞难行,在路上不断有学生的车轮打滑继而摔倒然后全身脏透。有组学生甚至迷了路,其他人只好停下来在雨中苦等,整整两个小时过去他们才终于找到了我们。我知道胡杰和李红都很郁闷,可我清楚他们为了能让这次活动的顺利成行付出了很多,我试着鼓励他俩。"别担心——我相信接下来的行程一定会顺利的,"我在回酒店的路上安慰他们说。

在我看到学生们第一次教学之前,我对这句话还是深信不疑的。当天下午,我们的旅游大巴缓缓开进了周寨小学——两层刷着白墙的教学楼,它独享了阳朔特有的清澈而透明的蔚蓝天空,连惊人美艳的喀斯特独特山貌都成为了它的背景。孩子们在学校的院子里欢

第九章 中国创新阶层的未来

呼雀跃地欢迎着我们的到来。很快,我们的学生就分散到各个教室里,正式开始他们第一天的教学了。当我逐间教室走进观察时,我简直没法相信自己的双眼。我原以为我们的学生已经适应了国际部小组合作与课堂讨论式的教学模式,可没想到他们却还是分批轮流地站在讲台前给孩子们长篇大论地讲课。孩子们偷偷摸摸地溜进自己的座位,开始把眼光投向了窗外那片广袤蔚蓝的天空。而那些没有上前讲课的学生们,他们百无聊赖地站在教室后面,和那群小孩一样把眼光也投向了窗外的世界。有个小组甚至在第一天就让自己的学生测试,而他们的教学计划竟是:第一天测试,第二天为学生分析试卷上的疑难点,然后第三天接着测试。

相比之下,最成功的可算是教一年级小朋友的那组了。在北京,他们花了一个周末的时间把红纸剪成了玫瑰花。到了阳朔,他们把这些小红花当成奖品,奖励给每一位答对问题的孩子。这着实让我感到异常震惊,要知道在基础课上,我们用了将近一个学期的时间来讨论"为什么老师不应该在学生答对问题时给予奖励"。

学生们并没有把在国际部的学习体验运用到这次支教中,而是简单机械地照搬曾经他们在小学时的学习经历。其实我们应该可以预料到这点,因为我们学生身上那些根深蒂固的习惯会不受控制地跳出来,犹如条件反射般自然地帮助他们处理所有新的问题,因为神经可塑性的原理证明了他们确实会这样做。

那天晚上,所有的学生都挤在旅馆的大厅里,我和胡杰引导着他们一起讨论该如何提高接下来的教学。按中国式的做法,每一大组内部又划分为三个小组,分别教语文、数学和英语。这不仅意味着每个小组可以有自己独立的教学风格,而且他们还可以在其他小组进行教学的同时,无所事事地望着窗外发呆。

"每位同学都需要积极地参与教学。"胡杰告诉学生们说,"如果有同学在讲课,其他同学可以在教室里多走动走动,确保孩子们都在专注听讲。"

"或者最好别—讲—课!"我实在是忍无可忍了。"当你们读一年级的时候,当你们的老师在 8 小时的时间里一直喋喋不休地给你们讲课的时候,你们有人会认真听吗?试着多加入一些游戏和活动。教学并不是一场比赛,不需要你把所有知识点在一节课内都倾倒而出。你们要做的是确保你的学生在课堂上投入、集中、确保他们对你所讲的内容感兴趣——这样他们才能真正地吸收知识。"

我和胡杰让学生们利用当天晚上剩下的时间与自己的小组讨论该如何改进他们的教学,如何促使孩子们更好地参与课堂以及提高他们的学习兴趣。在会议结束后,我看到胡杰那双布满红血丝的眼睛里透露了几丝疲倦,我安慰他说:"放心好了,他们明天的表现一定会有进步。"

这番话对他比对我管用,那天夜里我又彻夜未眠。在第一天的灾难过后,我也必须要让自己学会去相信,相信学生们第二天的表现会有所改善与进步。眼下我唯一能祈祷的就是希望明天不要再下雨了。

第二天,雨下得更大了,按原计划我们有两个活动要进行——攀岩和滑索。原本只用五分钟就能到达攀岩地点、十分钟能到达滑索基地的路程,因为滂沱的雨势和泥泞的田间小路让我们用了半个小时才走到攀岩终点,接着花一个小时的时间再从攀岩的地方走到滑索基地,然后再走半个小时的路程回到车上集合。在北京的时候我们已经告知学生要带雨衣或防雨的外套,以及防滑、防水的运动鞋,但他们一样都没带。于是他们穿着衬衫和拖鞋在路上不停地打滑,然后尖叫,最后甚至掉进了泥潭里。时间一点点流逝,雨却越下越大。那天上午我们完成不了任何一项活动,在巴士上学生们一

第九章 中国创新阶层的未来

147

个个都闷闷不乐地安静坐着。到了午饭时间有很多学生都没有出现,我问了李红,她告诉我学生们正在排队等着洗澡。

我们安排学生们住在一家青年旅馆,里面有不同大小的房间。这就意味着有些学生要八个人住一间宿舍,而有些幸运的则两人一间。这自然会让许多学生感到不满,但他们最大的矛盾是每间宿舍里只有一个洗手间。对学生而言,阳朔的清晨除了雨就是泥,而下午又是那么的潮湿闷热,所以他们自然认为洗澡比吃饭更重要。

经过了一个上午在泥泞的山路里艰难行进,再加上放弃了午餐排队等着宝贵的淋浴,到了下午我们的学生几乎都已经筋疲力尽了。他们还是继续给孩子们讲课,于是那些孩子和其他的小组成员们继续无聊地盯着窗户外面发呆。在周一时表现较好的小组——以小红花作为奖励的那个小组,到了周二就发现这么做的危险了。获得奖励让这些一年级的小朋友们变得异常兴奋,甚至近乎粗鲁,班级里的场面很难控制。当我们的学生提问了一道数学题后,所有的孩子都高举双手,希望自己能得到一朵小红花。可是只有一个人能被选中到黑板前去写出"45+96"的答案,这让其他孩子都感到了不忿和嫉妒。更糟糕的还在后头:当他们的同学上去回答问题的时候,他们甚至希望他(或她)会回答错误。而当他写出错误答案的时候,其他的孩子会幸灾乐祸地大声叫嚷道:"错!错!错!"到了课间休息的时候,小朋友们会比较谁得到的小红花最多,有些甚至开始相互争论、推搡。这些小红花让这群一年级的孩子们开始内讧不合。

在巴士上,我和胡杰原本准备用麦克风与学生们分享我们今天的感受。但我们也只是肩并肩郁闷地坐着,不知道要跟对方说什么,也不知道要对学生们说什么。大部分学生在经历了两天的沮丧与失望之后似乎都疲惫地睡着了。

在从周寨小学返回阳朔市区的路上,我的思绪飘回了北京。在出发阳朔的前一周，我和王铮以及学校领导一起开了会。到6月底我为期一年的合同马上就要到期了，所以校领导也是时候要考虑是否延长我的聘用期。一年前，他们曾让我签下一份为期两年的合同。国际部第一年的进展很不顺利，我曾经很认真地考虑过想因此辞职，甚至也告诉过王校长让他重新再找人来替代我。所以当学校领导给我一份两年的合同时，我断然拒绝了，当时我的理由是我可能只会留在北京一年。但现在的我却十分渴望能留下来，于是在会上我把自己的想法告诉了校领导。我告诉他们基石课程，博茨瓦纳和以色列的项目都是国际部的新突破；国际部吸引了中国乃至国外的许多媒体，他们纷纷都对国际部的教育理念产生了极大的兴趣；国际部更是成为了在中国做好留学教育的先驱和典范。王铮校长在北大附中成功地开展了开明而先进的教育改革，而我也把国际部视为这次教育改革的试验田。

"这是一个在中国推行教育改革的激动人心的时刻，国际部在改革的道路上将扮演着很重要的角色。"我告诉他们，"能为中国的教育改革做出贡献一直是我的梦想，我非常期望您们能为我提供实现梦想的机会。"

王铮校长一直低着头没看我，后来学校的党委书记递给我一份文件，上面写着到2012年9月，我将不再是国际部的主任。校领导们感谢我为建立国际部所付出的努力以及我所带来的理念，但是现在他们需要考虑的是国际部长期稳定的发展。他们担心我不能胜任肩负国际部长期发展的责任，而且我的改革太超前了。校领导决定将会在阳朔项目结束后公开这个决议。

在读完了这份文件后，我不知道该说些什么。那天我去了攀岩。我很生气——不是对校领导而是对自己。学校领导为学生和学校寻找最适合的长期利益，他们是对的：我看上去很情绪化，而我曾经

第九章　中国创新阶层的未来

的辞职也为他们带来了一定的风险,尤其是在国际部刚创办的第一年。他们是对的:我似乎并不够投入。当国际部情况很糟糕的时候我只想一走了之,而不是留下来奋力争取、力挽狂澜。现在事情进展得倒是很顺利,我当然是想要留下来了。

好吧,事实证明事情并没有按照我的意愿发展,我曾很认真地想过要立即打包好行李乘坐下一班飞机返回北京。一切有可能出现差错的地方都无可避免地出错了。上天没有任何要停止下雨的意思,学生们讨厌去户外,他们也厌倦了教学。胡杰和李红都垂头丧气,失去了斗志,而我也没有睡过一次好觉。况且阳朔这个项目成功了,或是失败了又有什么关系?一个新的主任将会在9月份重新开始一切。再没有任何东西可以让这场旅程变得更糟糕了。

这时胡杰的手机响了,他接了电话。在车上我就坐在他旁边所以我能听到是户外活动公司因为河水涨高而打来取消周三的皮划艇活动。胡杰跟他道过谢后便挂了电话,他把头垂得比5分钟前还低。

"我们现在该怎么办?"胡杰很茫然。

"回去后我们给学生开个会。"我告诉他。我转过身去看见许多学生都睡着了。有少数学生正疲惫地倚靠着车窗,尽管他们的眼中还不至于太迷茫、太空虚。

换做是以前,我的第一反应肯定是大发雷霆。我有太多可以生气的理由了,这些学生真的就这么不受教?难道他们在基石班里、在博茨瓦纳和以色列的旅程中都学不到任何东西?难道他们一点都不重视阳朔这次珍贵而有价值的教育机会?难道他们就真的对胡杰、李红还有我为策划、安排此次项目所付出的努力视而不见?如果他们丝毫不珍惜这样的教育,那我想他们也是幸运的——因为很快我就会离开了。

有一部分的我真的相信这所有的一切,我想在开会的时候把这些天来所有的不满都宣泄出来。我知道这样也许会伤害到他们，可是我之前也向他们说过比这更狠的话，所以我想一个晚上过去，他们也许就会忘记曾经发生过什么事情了。只是，如果我真想要改变这些学生的话，我必须让他们看到我能改变自己。

"我知道这两天你们是多么的沮丧和失望，事实上你们也应该感到如此。"当学生们都集合在旅馆大厅的时候我对他们说。我们围成一圈坐着，学生们洗完澡，吃了晚饭后看起来精神了些，可是他们的神情依然透露着挫败与失望。

"我知道外面很吵，也知道你们的房间里住着很多人。你们洗澡很麻烦，睡觉也很难受。"我继续说，"天一直下雨，骑自行车和攀岩进行得都不顺利。而接下来这还有更糟糕的消息：因为河水上涨明天的皮划艇被取消了。"

我看到学生们脸上露出了一丝窃喜。我们终于可以好好睡一觉了——他们肯定在心里这么想着。

我假装没看到，继续说着："教书也很难。这是你们第一次站上讲台，本来要教一群注意力容易分散的小朋友就已经很不容易了，可最难的是你们之间要一起协调合作。每个人都有自己的想法，当遇到那么棘手的问题时也很难把意见汇总起来。也许我们这周给你们提了太多的要求，我们之前从没尝试过做这样的事情——从来没有一个活动像这次一样规模庞大而且雄心勃勃。我能猜到你们心里面的想法，你们认为自己做不到，你们特别希望现在就能回北京——我想说，其实我跟你们想的一样。"

我稍稍停了一小会儿，清楚地看到学生们的眼睛都在注视着我。我说到他们心坎里去了，在这次活动的最后他们真的很投入，也很积极。

"我想告诉你们：我为这房间里的每一个人感到骄傲。"我继续

第九章　中国创新阶层的未来

说道,"我为你们的坚持不懈而骄傲,尤其在昨天。昨天上午你们冒雨走在泥泞的小路上,很多人都摔倒了,可没有一个人哭,也没有人抱怨,你们站起来,又摔倒,你们又再站起来。到了下午去周寨小学,我知道你们又累又饿,可你们还是尽自己最大的努力,在你们的学生面前表现出最好的自己。在这次活动里,你们用自己的行动向你们的老师、同学,更是向自己证明了我们国际部的精神。你们证明了自己的坚持、毅力和强大的适应力——就为这点,我想你们都应该为自己感到自豪。"

"我们还有三天的时间留在阳朔,这三天正是我们共同为自己创造终身难忘的宝贵经历的好机会。在这三天里,我要你们忘记过去,关注当前,为自己创造精彩的未来。两年前我曾经很偏激地认为在这房间里的你们很笨、很懒,我认为你们已经无可救药。可现在我看着你们,凝视着你们眼中的专注与投入,我才惊觉自己曾经犯下了一个多么愚蠢的错误——我欠你们一个道歉。当我们选择离开北京来到阳朔,我们就是在选择一个全新的开始。就让这个特殊的时刻成为国际部全新的开始吧,我希望你们能全力以赴地在接下来的三天里为自己创造出这辈子都难以忘却的回忆,创造出能为你们指引将来生活的经历。珍惜这三天里的每时每刻,不是因为觉得它能帮助你们进入大学——它不会的。希望你们能把每分钟都当成自己生命的最后一刻来过,不是因为认为我们正在给你们的表现评分——我们没有。转过身,去看看你身边的同学;转过身,去凝视这个房间里每一个人的眼睛。这是一群将在这三天里和你们一起共同奋斗、合作,给你们鼓励、让你们成为最好的自己的伙伴。当我们老去,我想我们还会记住阳朔,记住在这里发生的一切!未来不管什么时候,不管会遇到多大的困难,当你感到绝望的时候,请你们记住今天,然后勇敢地对自己说'我知道战胜困难、甚至战胜绝望是怎样的感觉'——它让你感觉你还活着,它帮你找到真正的自己并告诉你的潜力有无限大。"

房间里一片静寂,每个人都在用心地聆听。我环顾四周,看着这一张张熟悉的脸庞,这房间里的40位学生,每一个我都非常了解。我突然意识到他们中没有一个人了解我,我从没告诉过他们关于我、关于自己过去的事情。就在那一刻我决定要对他们坦言我的曾经。

"在过去的两年里,我常常因为你们在课堂的不专注,为了你们没有认真完成作业,为了你们每天抱着电脑玩游戏的萎靡生活发脾气责骂你们。"我诚恳地说着,"我骂你们是笨蛋,认为你们无药可救。可是我心里却很清楚,你们完全不是像我说的这样。你们只是需要时间成长,需要有人信任。我之所以知道这些是因为我在你们这个年龄的时候并没有你们做得好,甚至比你们更差。那时候我认为上学是件浪费时间的事,我几乎把所有时间都用来看电视、玩电脑游戏,我的老师或许觉得我才是笨蛋而且无可救药——只是他们没有说出口。然而有一天,一个代课老师走进了教室——我记不起她的名字,也想不起她的长相——她只教了我们一个星期的课。她并不知道我是笨得无可救药的学生,她也不知道我是那么沉迷电视和电脑游戏。就在那个星期的最后一天她把我拉到一边,她告诉我她觉得我很聪明而且有很大的潜力。直到今天我依然不明白她为什么要告诉我这些,她有可能会对她遇到的每一个学生都说同样的话。但就是在我最后一次见她的那个周五,她把我拉到一边对我说,如果我能用心投入地做事,我就一定可以做得最好。我相信了她的话!我相信她说的所以我重新去寻找、发现自我,而从那天开始,我就再也有停止过激发全新的自我了。

"改变很容易,难的只是要找到改变的欲望和勇气。今晚我希望

你们每个人能真心地像同学、像朋友一样坐在一起为了更好地提高你们的教学而认真地讨论。现在你们所用的教学方法就是过去你们的老师用来教你们的。但是，我希望你们能用心地思考真正的教学应该是怎样的。我想要你们每个人都回到过去，回到你们还是一二年级，或者六年级，甚至七年级的时候，回忆一下，我相信那时候坐在教室里的你们都曾幻想过如果有一天自己当上老师会怎么来教学生。这是一个你们重拾儿时梦想，给予你们的学生们最大鼓舞和启发的好机会。我对你们每一个人都有信心——现在该是你们信任自己的时候了。"

那天夜里，没有一个人闲着。学生们忙着讨论、忙着重新制订教学计划；胡杰在每个小组间来回奔走，不断取得反馈；而李红则和我一起约见了户外活动公司的负责人，重新安排户外活动的计划。那家公司已经尽可能地以最低价格为我们开发各种活动了。

"那就重新再做一遍。"我告诉他们，"这一次不要再考虑预算的问题了，重点放在活动的质量上——我要确保每位学生都能玩得尽兴，所以请多加派一倍的攀岩助教保证我们每一位学生都有机会能参加攀岩。"

"我们之前也和其他的国际学校合作过，"公司的负责人回答我说，"他们说学生平时的学习压力很大，所以只想让我们在阳朔为学生开发些轻松的项目。"

"我们跟任何一所学校都不一样，"我告诉他，"我要让我们的学生在这里的每一刻都付出自己生命中最大的努力。"

第二天早上，我们把国际部的学生分成了攀岩组和自行车骑行组。在巴士上，我们告知学生因为取消了皮划艇，所以我会带男生攀岩，胡杰则带着女生去骑自行车。何润昕，一个不管什么时候看到我走近就会马上转身走掉的、娇小内向的女生，举起手问她可不可以跟男生一起去攀岩。

"我小时候练过体操。"何润昕说,"我想试一下。"

"可是你的指甲有可能会被折断哦,"一个叫侯迪的男孩说,他的话让其他男孩听了都在偷笑。

"何润昕跟我们一起。"我马上说道,好让这些男孩们都闭嘴。

紧接着陈卓然也举起手说她也想一起攀岩。陈卓然总在她那长着一张小圆脸的头上扎着马尾,她刚刚从美国的西蒙洛克学院——一个与我们合作的文理学院的交换项目中回来。陈卓然已经出去交换了,她本不应该和其他同学一起出现在阳朔。其实,当初她也差点就无法被国际部录取。

陈卓然初中就读于北大附中,2010年的夏天,在她父亲替她报名参加国际部的选拔夏令营时,她就已经被北大附中的高中部录取了。她的成绩优异,听话乖巧。可她有个问题:非常害羞甚至拒绝开口说话。当我和陈诺斯、潘芳迪面试她的时候,那可真是折磨!我首先问她为什么想出国,大概间隔有5分钟的时间,她的眼神飘忽游离,一边不自主地耸肩一边从嘴里嘟囔出"嗯""呃"的声音,好不容易挤出了一句"我不知道"。我严肃地看着她又问道:"来这里是你还是你爸爸的想法?"而在接下来的又一个5分钟里,她不受控制般地晃着身体,继续支吾着"嗯""呃",到最后她居然大哭起来。我和陈诺斯,潘芳迪只能就那么坐着,不知道该对陈卓然说些什么,也不知道该对她做些什么。

我一点都不想录取她,可是陈诺斯和潘芳迪说服我让我给她一个机会——她们比陈卓然自己还相信陈卓然。

在她进入国际部一年后,我开始后悔自己当初的决定。的确,陈卓然的英语取得了很大的进步,而且她的学习成绩也一如既往的优异。可是她依然很抗拒开口讲英语,而且她就只跟刘一凝交往。

第九章 中国创新阶层的未来

我对她实在已经无计可施了，情急之下我向她父亲提出了一个彻底的建议：送她去西蒙洛克学院一学期，看这样对她有没有帮助。在那里，陈卓然因为在学业上表现得十分出色所以被西蒙洛克学院与哥伦比亚大学合作办学的工程学院提前录取了，而她在转学到哥伦比亚大学完成双学位之前，还需要在西蒙洛克学院再学习两年。纵然如此，她在人际交往方面还是没法突破，陈卓然仍然没有朋友，而且仍然拒绝在课堂上发言。

陈卓然来参加阳朔的活动是因为她的父亲坚持这对她有好处，关于这点我很是怀疑。我们对她都已经黔驴技穷了——阳朔的项目就那么重要？所以当陈卓然自告奋勇说想和我们一起攀岩的时候，我着实感到很惊喜。

那天上午天下着毛毛细雨，户外运动公司为我们选择了一个被大树环绕着的攀岩地点。他们为我们设定了三条路线，每条路线都很有挑战性，我开始教男生们和何润昕、陈卓然应该怎么攀岩。

"攀岩是一项脑力活动，"我指着一面峭壁说，"你们可以看到那根绳子挂在了离地面20米处。因为这是你们第一次攀岩，你们会感到害怕，而成功的诀窍就在于要战胜自己的恐惧。攀岩是一项考验人的臀部和腿部肌肉以及手臂肌肉之间协调程度的运动。如果你害怕了就会感觉紧张，接着就会开始用自己的手臂去支撑整个身体——一旦你这么做了，臂力则会很快被削弱，然后游戏就结束了。你必须战胜自己的恐惧，记得调整自己的呼吸，以及随时保持头脑的冷静与清醒。当你在上面的时候你要清除一切杂念——不仅仅是恐惧，还有你的自我。记住，这不是一场比赛，也不是一场竞技。攀岩的整个过程完全只属于你自己，如果你能带出自己最好的状态，只关注当下，那么恭喜你，你成功了！可如果你想试图与别人竞争，那游戏马上就会结束。"

我指着已经挂在峭壁上的三条绳索,"那儿有三个难度,"我告诉他们。"我们已经把5.7、5.8和5.9的路线都准备好了。5.7是最简单的,它就相当于热身。只要不是身患残疾的人几乎都可以完成,不,即使是残疾人他们也有能力可以征服5.7。而5.9是最难的,只有那些心理状态极佳的人才能完成。所以我建议大家可以先从5.7和5.8这两条路线开始。"

如我所料,所有男生都直接忽略了我说的话,都排队等着爬5.9的路线。只有何润昕和陈卓然两个人小心翼翼地从5.7的路线开始攀爬。男生们急着想要用自己的臂力支撑自己来证明自己有多强壮。一分钟后,他们全都气喘吁吁地下来了,汗水顺着他们那涨红了的脸庞簌簌滑落。

"我想再上去一次。"候迪在5.9的路线上挣扎了3分钟后说。他是所有男生里最健硕也是长得最俊秀的,所以自然也是最傲慢、最自我的。看上去他似乎会是他们当中最成功的攀岩者,但其实我知道他的自我注定了会让他失败。

我摇摇头对候迪说:"这不是一个比赛——你不需要证明任何东西。为什么你就不愿意从5.7先开始,爬到终点去感受一下整个过程是多么的刺激呢?"

最后尝试攀5.9路线的是何润昕和陈卓然两个女生。"很快就会结束了。"候迪对其他男生说,"她们最多也只能在上面撑5分钟的时间。"

何润昕是第一个上去的,她花了半小时才爬到了崖壁上,她的手指很纤细,可是她缓慢、精准、谨慎地向上攀——完全看不出她的恐惧与自我。5.7的路线就好像一个楼梯,但是5.9的路线却很复杂,这要求何润昕必须在她寻找脚点和手点的时候能保持足够的冷静与专注。对初学者而言,在攀岩的时候如果被恐惧掌控,他们

第九章 中国创新阶层的未来

就会不自主地想紧紧贴在峭壁上,这会封死他们的视野。而何润昕却一点儿都不感到害怕,她把自己从峭壁上轻松地推开以扩大自己的视野,去寻找那些有可能被她忽略掉的隐藏的脚点。在某个点上,她被困住了但她也没有放弃,始终坚持往上继续爬。当我和男生们看着她一步步往上攀登的时候,我们看到了曾经那个文静羞涩、傻里傻气的女孩内心有着如钢铁般坚毅的意志力和强大的心理素质。当她终于到达了顶点的时候,我和所有的男生都为她大声鼓掌。

谁是何润昕呢?当我第一眼看到她的时候我就觉得这女孩傻乎乎的,这个偏见直到我开始教她以后更是有增无减。她从不完成作业,英语差到我总是忽略了她的存在。但那天她却让我看到了完全不同的何润昕。

"停留在终点的时候,我感觉自己很冷静,心情也十分平静。"何润昕在下来后告诉我说。她汗流浃背,脸也涨得通红。她并没有说出自己心中那份因为抵达了很多人都认为她不可能攀及的顶峰的骄傲与自信。她的笑容仿佛就在告诉我和所有男生:"再也别小瞧我了。"

接下来轮到陈卓然了。她没有何润昕那么矫健和灵活,可是当她渐渐越爬越高的时候,我们看到了她身上有着与何润昕一样的意志力和自我控制力。在途中,有好几次她都要利用绳索把自己吊在半空的某块岩石上休息,她冷静地浮坐在半空中,时不时会转过身来俯瞰阳朔夏天的清晨里那一片片嫩黄的田野,时而仰望那片湛蓝广阔的天空,时而忘情地欣赏那绿灰色的喀斯特山貌。她没有了平时与陌生人交流时,或者她迫不得已在课堂上必须回答问题时的那份紧张与僵硬,而是轻松自如地享受着大自然赠予的宁静与优美。那时候我才终于明白,为什么陈卓然的父亲会那么坚持让她来参加阳朔的项目了。因为这可能是陈卓然展现自己、表达自己最好的方式。

当教练告诉我已经超出了原定计划的时间时，陈卓然在 5.9 的路线上已经足足有 40 分钟了，他们该让她下来吗？我可以从何润昕灵敏地动作判断她是可以到达终点的。可是相比之下，陈卓然的动作却显得生硬而笨拙，而且在她完成了四分之三路程时她明显已经精力耗尽了，而剩下的四分之一又恰好是整个路线里最难的部分。今天上午大家都已经透支了，我很希望中午学生们能吃到一顿丰盛的午餐。这些都似乎在提醒我应该让她下来了。而且我们周四、周五的上午也都安排了攀岩。

"你觉得她能爬到终点吗？"我问攀岩教练。

"可能性不大，"他回答说。他是一个比我更有经验的攀岩爱好者。我们都看到了陈卓然的筋疲力尽、经验缺乏以及痛苦的挣扎。

"我觉得她可以。"我说，"我们就让她继续吧，直到她能爬到顶点，或者她自己想放弃我们才让她下来。"

我马上跟李红通了电话，请她为我们将午饭都打包好——我们回去肯定就晚了，所以只能在车开往周寨小学的路上吃。

当男生们在车上狼吞虎咽地吃着盒饭的时候，胡杰告诉我自行车骑行组今天进展得很顺利。"路程很长而且很有挑战，"胡杰告诉我说。"可是女生们的表现都特别棒——每一个人都尽了全力地让自己能跟上步伐。她们很累可同时她们又那么地活力充沛。"我转身望去，看到了所有女生的脸上都充满了自信愉悦的表情。

"攀岩组怎么样？"胡杰问。

"何润昕表现得太棒了，"我说，"她太让我惊喜了。"

"何润昕这一年来的表现都很好啊，"胡杰说，"你今年没教她吧？"

"没有，"我说。我把所有精力都集中在教初三和高一年级的学

第九章　中国创新阶层的未来

生上,因为高二年级的学生已经让我失去了信心。

"她是我世界历史课上表现最好的学生之一。"胡杰说。"她学习很努力——她现在是这个项目里五个表现最好的学生之一了。"

我没什么概念,摇了摇头想着曾经因为偏见蒙蔽了自己的双眼。在这一年的过程中,我已经完全地改变了自己,那为什么何润昕和其他人就不可能像我一样呢?

我看到男生们已经吃完了,于是我拿起了巴士上的麦克风通知学生周四上午的安排。

"今天早上你们玩得尽兴吗?"我问,"今天上午是不是每个人都累惨了?"

"是的!"所有学生都大声回应。

"很好,"我说,"我的观点很简单:如果在攀岩和骑自行车后你们没有累得想死去的话那就证明你们没有玩得尽兴。所以明天我们会让男生去骑车,女生去攀岩。我们现在让候迪来说说他今天攀岩的感受。"

除了长得非常健硕和帅气以外,候迪也是一个固执而且非常以自我为中心的孩子,你很难让他承认或认可任何事情,尤其是他自己的缺点和失败。

"今天我们去攀岩,学到了非常有价值的一课,"候迪说。"江老师告诉我们攀岩是一场脑力运动而不是体力运动,可我们都没把他的话放心上。我觉得自己已经足够强壮了所以特别想爬到顶点,但是不管我怎么努力,不管我试了多少次最后还是失败了——我一次次地在耗费自己的体力。我们男生没有一个能爬上去的,但两个女生却做到了。我想区别就在于,男生,当然包括我自己都过于心急想表现。而女生却只在乎享受整个过程。我想今天我们从陈卓然和何润昕身上都学到了很多。"

"是的,陈卓然在峭壁上整整坚持了一个小时了,但她还是不想放弃,"我说,"陈卓然在哪儿?她愿意上来与大家分享几句吗?"

当我接触到陈卓然的眼神时,她急忙地避开了,一味地往下盯着她的座位。刘一凝在她旁边乐得直笑。

"好吧,陈卓然是个擅于用行动表达自己而不是靠嘴上功夫的人,"我说,"今天我从她身上学到了许多。所以就让我告诉你们她今天在峭壁上用行动想要表达的吧:在攀岩和生活中,只有当你忘却了恐惧和自我你才能获得成功。"

那天下午当我和胡杰再去巡视那六间教室的时候,我们惊喜于学生的转变。他们在周二的夜晚里积极地讨论着可以如何改善自身教学。没人再给学生口若悬河地讲课了,所有的班级要么在团队活动方面很活跃,要么在游戏中很积极。有一个班级甚至整个下午都在教室外玩"西蒙说"和其他的游戏。五年级的孩子们用硬卡纸做成一个个他们心目中学校的模型,我们的学生则在教室里走动着,给予孩子们鼓励和建议,有时还得处理小组之间的小冲突。有两个孩子争吵,其中一名学生就马上把他们带到走廊外,安抚两个正在哭泣的五年级孩子。而在三年级的教室里,学生们正在教他们的学生数学,通过给孩子们发火柴来解决一道道数学问题。为了想更好地了解自己的学生,放学后,我们的学生跟着孩子一起回家跟他们的父母交流。

在这次活动中变化最大的学生应该是刘一凝,那个在前两天还喜欢掌控她们小组伙伴的女生。星期二晚上当她们组的同学在讨论的时候我看她退到了后面;她让她的队友们自我发挥,并鼓动他们发表自己的想法,她只是在中间协调着,不再像往常一样掌控、冒犯他人。在周三的时候她也只是在教室里面来回走动,只是与个别的学生合作,而让她的同学占据中心。

第九章 中国创新阶层的未来

所有的学生当中，刘一凝自一进入国际部就已经走得比其他人快、比人远。第一学期的时候，她几乎天天都在抱怨我们在课程上的变动，她总是认为我们降低了课程标准是因为要照顾那些程度低的学生。

刚开始我试着跟她解释。"刘一凝，你是个很优秀的学生，你的英语比任何人都要好。"我说。"如果我们继续提高我们的要求不断给你挑战的话，你自然也会不断地进步，成为更优秀的学生。可是要在生活中成功，成为一个好人远比成为一名好学生重要。成为一名好学生也许你可以进入耶鲁或哈佛，可是你也有可能因此而变得更狭隘、更固执。可如果你是个好人，你就会懂得珍惜每个人的优势与情感，当一个好人，你会学习怎么让自己成为一个领导者。不要只是在乎为什么这些课程没有让自己获得提升，试着去理解那些跟你不一样的人，学会包容他们，学会对他们友好。"

当说服她没用的时候我尝试着让她投入到帮助她的同学当中。我让她成为一名助教去辅导她的同学，可她拒绝了。为什么她要帮助她的同学然后让他们超过她呢？这对她有什么好处？她想要让自己置身事外，而不是努力融合。

最后，我决定我唯一能做的就是找到她的父母，告诉他们刘一凝应该离开国际部。

"刘一凝是你们这里最好的学生，"他们没法接受我的决定，"你在给家长的一封信里不断地抱怨你们的学生很差，你抱怨因为这样所以你做的所有尝试都几近失败。所以现在你的解决方式就是让你最好的学生离开？"

"我不是为了成绩差的学生才这么做——我这么做是为了刘一凝，"我告诉他们。

"在她生命中，她已经习惯了成为众人的焦点，老师们对她除了表扬还是表扬。但我看到了她身上严重的性格缺陷,她学习很努力,可是她的思想又是那么的狭隘,她总是以自我为中心。难道你们就没发现她其实每天都过得很不开心,每天都面临很大的压力吗?假如她继续这样的话,她会产生很严峻的心理问题——必须有人要让她清醒了。要么由你们来做,要么我们会开除她。"

"你会开除你最好的学生?"她的父母无法置信地问。

"开除她总比看着她继续摧毁自己的生活好。"我说。

第二学期我几乎忽略了刘一凝的存在,我也不想和她有任何交谈。

2011年9月我们迎来了国际部的第二批学生,他们虽然比我们第一届的学生强,可他们的中考分数依然不高,这让Angela——中考分数最高的学生感到了不安和紧张。那天在快要上课的时候,Angela和她妈妈到办公室找我说想退学。刚好那会儿刘一凝也在学校,所以我安排了刘一凝和我们一起,希望她能说服Angela。

当我们坐在国际部办公室里的时候,我看到了Angela和刘一凝之间很多的共同点。作为一名优秀的学生,Angela和刘一凝一样忍受不了学习差的学生,她不停地在抱怨她的同学。

"所有女生讨论的话题都只围绕着男生,而所有男生讨论的话题就只有运动和电脑游戏,"Angela不满地抱怨道,"我不想留在这样一个肮脏的环境里。"

"一年前我也和你一样,"刘一凝对她说,她就坐在我旁边和Angela以及她的妈妈面对面。"曾经我也瞧不起我的同学,可是在国际部的一年里我才体会到国际部的教育的真正价值是在于老师非常地尊重每一个独立的个体,珍惜他们身上的特质以及优势。我才明白在其他人身上还有许多值得我们去学习的地方。我的英语很好,可我同样需要向班里数学、体育、社交能力很好的同学们学习。我

知道曾经你和我一样，都只跟好学生打交道，可是真正的生活并不是这样的——我们会遇到很多与我们有着不同背景，跟我们有着不同观点的人，这对我们才是最具有挑战的，而国际部就是致力于培养我们去适应未来。"

Angela 并没有被完全说服，但那个晚上却让我看到了刘一凝的成长，当我建议她当基石课程的助教时，她欣然地接受了。到了最后，所有基石课程的学生都很感激刘一凝的投入与贡献。

可刘一凝的妈妈很担心她在当基石课程的助教上花费太多的时间，导致自己没有精力备考 SAT。为了消除她妈妈的顾虑，刘一凝给自己买了一些 SAT 的书，把它们摆在自己房间里的书桌上，每次等她妈妈进入房间时她就马上把书翻开，让她妈妈相信她在很努力地准备 SAT 的考试。平时她都不看这些书，而自从她在满分 2400 的 SAT 中考了 2200 以后她妈妈就再也没有唠叨她了。

所以当我周三在阳朔看到刘一凝只是退居后线，压抑着自己的自我，做一切她认为能帮助他们小组伙伴的事情时，我对她在国际部这两年里所获得的进步感到非常骄傲。就在她和我们一起的第二年里，她每时每刻都过得十分快乐。

在院子里的小学校长前两天总是忧心忡忡，而现在，他那明亮有神的眼睛里总是散发出内心的喜悦。他的老师们对这次支教印象深刻，他的学生们更是充满了活力。事实上，下午 4 点该是孩子们放学回家的时候，但他们都不想回去。而我们的学生，每次都会在从小学返回旅馆的途中，在大巴上快乐而兴奋地交流着——为了让孩子们对学习感兴趣而努力工作，最后自己也真正体会到了教育的乐趣。那天晚饭结束后，他们都急着回到各自的小组讨论第二天的教学安排。

事情终于都回到了正轨上。阳朔没有再下雨了。每一天过去，学生们都越发地投入，而且自信倍增。上午他们要么在峭壁上夹杂着恐惧与紧张，恣意地挥洒着汗水，要么在单车骑行的道路上肆意地对着大山呼喊。他们不断地挑战自我变得更高、更快、更强。而在中午吃饭的时候我们就能看到他们脸上大大的满足感。到了下午，当他们的教学变得越发流畅熟练时，孩子们眼里的微笑和专注给了我们学生更多的鼓励与力量，就像1998年我开始在北大附中教书时，那群学生们眼里的微笑和专注给我的鼓励和力量一样。当我们最后一天在阳朔要驱车离开周寨小学的时候，所有孩子都不舍地哭了。

在阳朔的前两天我因为承受着巨大的压力而无法入睡。而后三天晚上我却因为兴奋过头而睡不着。美国、博茨瓦纳，以及以色列都是非常精彩的旅程，但我知道阳朔之旅将会在我们学生年轻的记忆中被认为是最精彩的项目。这将会是他们这辈子都将铭记的旅程，这也将会是以后他们告诉子子孙孙的故事。他们会很好地记住这件事，因为在这个过程中他们必须一起努力把一场灾难逆转成为一场胜利——而胜利者就是他们自己。阳朔项目是最难但也是最真实地可以反映我们学生的创造能力的项目。在阳朔，我们的学生适应了，也发展了。

当我们带着胜利与荣耀回到北京的时候，北大附中的校领导已经宣布在9月份将会有一个新的领导人代替我，而我将要在两周后离开北京。

当我正准备要离开北京的时候，何润昕跑来告诉我说，她申请了西蒙洛克学院而且也已经拿到了录取通知了，她计划用整个暑假的时间来阅读基石课程的所有教材。

"这是你努力的结果，"我欣慰地笑了，"我唯一遗憾的就是对你放弃得太早——其实你有能力可以为基石课程做出很大的贡献。"

第九章 中国创新阶层的未来

西蒙洛克学院的校长在 2012 年 6 月中旬到访北京的时候，她邀请了想申请该学院的家长和学生一起参加一场午餐宴会。在宴会上，有一位来宾向校长提问道：西蒙洛克学院能为中国学生带来怎么样的挑战？

"也许我们其中的一位中国学生最适合回答这个问题了，"她笑着说，"陈卓然，你能站到这儿来帮助我回答这位家长的问题吗？"

陈卓然从她座位上慢慢站起来，走到她校长旁边。看得出来她很紧张，来参加午餐会的国际部的每一个人同样也非常紧张，尤其是我。在我第一次问陈卓然问题的时候她哭了，她也拒绝在我的课堂上发言，要知道课堂参与占了总成绩的 20%（最后我给了她 0 分）。与她的老师和同学交流她都已经痛苦了这么长时间，现在她却要在一屋子的陌生人面前发言。

就像我第一次问她问题和每一次我试着和她交流时一样，陈卓然的身体开始颤抖，她的手不自在地摆动着。她紧握着自己的双手，她的眼睛开始上下转动。这是一个及其不好的信号，我在心里为她捏了一把汗，自己的身体也不自觉地紧张起来。当在阳朔攀岩的时候我教学生们在紧张时刻学会放松、学会深呼吸是多么的重要。因为当你紧张的时候你的肌肉也开始收紧，这更会加剧你的紧张——如此不断地循环，瞬间你的思想和身体就好像被固定了一般，那时你将会变得非常无助与挫败。陈卓然的身体信号告诉我她正在进入固定状态。

"嗯……呃……"陈卓然开始喃喃自语。我的手心开始出汗，我必须转移自己的目光。还是我应该站起来，去洗手间里先待半小时？

"在西蒙洛克学院……"

我听到单词了。他们不是清晰的单词，可事实上从陈卓然嘴里喃喃说出的不再是"嗯""呃"，而是真正的单词。我看着陈卓然的脸，她紧紧咬住自己的牙齿正如她紧紧握住自己的双手一样用力。她挣扎着。

"对中国学生来说……最具挑战的是……你必须……自己思考问题。"

说出这些词语让陈卓然用了将近一分钟的时间。但她还是把它们说出来了。

"这是个非常棒的回答，陈卓然，"西蒙洛克学院的校长说。"感谢你的言简意赅，感谢你给出了这么深刻的答案。"

房间里开始响起了阵阵掌声。就像在攀岩的时候，陈卓然终于找到了意志力去完成没有一个人——甚至她自己都没法想象她能做到的事。

在学校的最后一天，国际部有一群学生来找我，问我国际部是否就这样结束了，我想起了陈卓然，想起了何润昕，还有刘一凝。

我也想到了王膺寰，他是我们第二届学生里一个高高瘦瘦的男生，他一来就跟陈诺斯宣告说他一点都不在乎什么开放性思维或是情商，这些对他来说不重要。他唯一想要的就是在 SAT 的考试上取得高分，以及拿到完美的 GPA，然后进入一所常青藤名校——除此以外他都不在乎。他拒绝去博茨瓦纳，也没有加入以色列的旅程。他很坚持自我，专注在获得高分以及背 SAT 的单词上。他这次破例参加了阳朔的项目是因为所有人都参加了，而且他也认为这个经历能帮助他申请到更好的美国大学。但在我们回来后有一天他突然来找我，他之前从来没有找过我，而且他在跟别人交流的时候总喜欢用"是的"或者"不是"这样简短的词语来回答问题。

"江老师，你知道这个暑假我要去做什么吗？"王膺寰问我。

上新东方的培训班呗——除了这个王膺寰还会做什么？"我不知道，"我言不由衷地回答道。

"我要从北京骑自行车到西藏,"他兴奋地说。"这一直是我的梦想。阳朔的项目给了我很大的鼓励,它让我敢于去追寻自己的梦想。等我到达拉萨后我会给您寄一张明信片。"

我想到了博茨瓦纳。北大附中国际部是中国学校里第一个访问非洲的,在那里我们的学生学会了宽容与开放的思维。我也想到了以色列,国际部也是中国学校里第一所访问中东国家的,在那里我们的学生学会了提问与创新。我还想到了阳朔,在那里我们协心齐力,用自己的创造力和适应力把一场灾难扭转成一个机遇。

我想到了王铮,在北大附中里他要怎样继续开展他开明、先进的教育改革——我们何时会再共同携手合作,一起为中国的教育改革做出贡献?我想到了陈诺斯和李红,她们从深圳跟随我来到了北京,就是因为她们信任我。今后我们会遇到怎样一个全新的机遇能让彼此相聚一起完成我们共同的梦想?我想到了出国体系,想到了我和金小异、潘芳迪、周业然是怎么亲手建立它,后来又是怎么让它在国际部里获得重生的。那如今的国际部呢,它究竟会在哪天得以重生?

我也想到了自己。即使最后我要离开中国我也不会放弃继续挑战自己,让自己更富创新意识,我会时刻为重新回到中国、为中国的教育改革贡献自己的力量做好充分的准备。我想回多伦多以后要写一本书,告诉所有国际部的学生们,我们在这么短的时间内做了如此之多的事情;我希望能激励他们每天都像在阳朔的那一周一样充实地过着;我想告诉世人,在中国进行教育改革是有可能的——它所需要的就是想象力和信念。

"江老师,这就结束了吗?"学生们再一次问道。

我已经收拾好了行李将于第二天离开北京。我不知道自己下次回来中国会是什么时候,或者我是否可以再回来。我不清楚在这之后我会做些什么，我也不知道我的学生们在以后的成长路上会遇上什么事情。

但我对一件事情却无比坚信：创新造就中国的未来。在过去的四年里，我看到了中国的教育已经发生了根本性地变化，只要能承担得起学费的中国家庭都会将孩子送出国学习以培养他们的创造力。但很快我们就会发现我们不能依靠美国的大学或文理学院来教会我们的学生创造力——我们需要靠自己。所以我们需要成立新的学校以及对旧体制的学校进行改革——正如王铮现在在北大附中所做的一切。

这将会很艰难，很痛苦，也很可怕。其实改变很简单，可要找到改变的勇气与信念才是真正的困难。但我相信总有一天我们能找到而且会很快找到成为创新中国教育的勇气与信念。后来奥利维尔在回到以色列后来信说，一旦中国学会了创新，中国将会勇往直前，所向披靡。

"不，这只是一个开始。"我坚定地告诉他们。在那一瞬间，我仿佛看到了所有。我看到了疲惫的陈卓然汗流浃背地靠着自己的意志力爬到了峭壁的终点。我看到了满是汗水的王膺寰骄傲自信地站在了拉萨布达拉宫的门前。

我带着这份信念缓慢而坚定地点了点头，我告诉他们，"这只是开始。"

第九章　中国创新阶层的未来

附录：学生来信摘编

# 1、我在美国文理学院的感想

来到 Simon's rock 大概有两周的时间了。毋庸置疑，困难是很多的。然而，我在国际部两年间学会的知识，却正在帮我克服一个又一个、接踵而至的困难。

在过去的两年时间里，江老师的一些做法确实令我有些不解，直到我在 Simon's Rock 碰到了困难的时候，我才真切的体会到了那些做法的重要性。

## 一、关于时间管理

在过去的两年时间里，江老师给予了我们非常充足的自由时间。许许多多的课余时间可以做自己想做的事情，没有任何人干涉你。我们这个年龄段的孩子都喜欢玩，没有人管的时候我们必然会大玩特玩，学习的时间变得少之又少。许许多多的家长和学生包括我，对于江老师的做法都有很多疑问。管理的如此不严格，对于一个高中学生来说是相当不利的。江老师给予我们的提示仅仅是一个单词，self–control. 要我们自己管理好自己的话，的确有些难。江老师似乎也看到了这个问题，可是为什么江老师不及时制止呢？

随着时间的流逝，我们慢慢地发现，自己每天的时间都在娱乐当中度过，的的确确应该学习了。渐渐地，每天学习的时间逐步增多。虽然娱乐的时间还是很多，但是大家都有进步。我们大家都懂得了要好好的利用自己的时间，而不是昏天黑地的一直玩下去。

到了 Simon's rock，令我惊讶了。自由，无拘无束的时间最多的

时候几乎可以有一整天。是玩？还是学？全凭自己的自觉性了。美国大学都有的一个共性就是会给予学生很多自由的时间。我之前所接受的教育，几乎是老师天天"拽"着你学。初来美国，毫无束缚，结果好似脱缰的野马，不知会飞奔到那里去了。有了在国际部两年的经验，我对于时间的管理可以做得非常好。江老师的做法，终于得以验证，是正确的。心中的疑问，也烟消云散。

二、关于社交

除了时间管理以外，第二大问题就是能否顺利地融入美国学生的社交圈。

我有许多朋友在美国读书，有的上高中，有的已经升入大学。我询问了他们很多人。可以说90%的人都反映说他们学校中国人"扎堆"的现象极为严重。我认为，如果在美国整天与中国人在一起的话，去美国留学的意义就变得不是那么重要了。

要想解决这个问题难上加难。最简单、也最直接的一种方法即寻找共同语言。在国际部学习的两年时间里，江老师让我们去健身房锻炼，组织篮球队，组织攀岩，支持我们办乐队等等，可以说为我提供了多条极为有用的道路。

这里的学生每天都会去健身房，我可以和他们一起去，并且讨论一些如何健身的问题。喜欢打篮球的人也有许多，我们一起打篮球，讨论篮球。此外，还有一起打网球，一起攀岩，一起玩音乐这样的人大有人在。通过多条途径，的确结识了不少的美国学生。

我觉得能做到这些已经是将第一步走得非常好了。下一步其实就是能够真正融入到他们的生活当中去，不仅仅是讨论一些共同的爱好。

每天的三餐，是结识朋友的大好时机。食堂里摆放许多圆桌，人们坐在那里边吃边聊。这时他们大多会聊一些生活当中的趣事。

可以说很多东西我都不太懂。毕竟我之前一直生活在中国,对于美国的文化、历史、地理等等许多东西不甚了解。去年在 Hotchkiss 的时候也是如此,每次吃饭的时候可以说中国人都扎堆,不敢加入美国人的桌子去聊天,一是害怕说错话很尴尬;二是觉得一直不说话很尴尬。

我认为,尴尬是正常的。谁都不可能一次做好。但是,如果你不迈出第一步的话,你永远就只能停留在尴尬的这第一步了。我想那会更尴尬吧。

随着时间的推移,一直保持融入美国人的圈子的状态的你,不论是听力还是口语都会有很大长进的。若想保持下去,自信心是很重要的一环。所以保持良好的自信心、但又不自负是很关键的一步。

### 三、关于课堂参与

积极参与课堂,多问问题,多回答问题,不懂的就去询问老师,不要自己苦思冥想。这里是美国的课堂而不是中国的课堂。这些东西,我想我在江老师为我们提供的以色列之旅当中学习了很多东西。

以色列是一个充满活力的国度。没有等级制度束缚的人们,自由地交流着自己的思想。有问题就问,即使台上的人在讲话,也会举手提问。这在我们看来可能是一种嫉妒不礼貌的行为。但是,毕竟我们不是在中国上学,入乡随俗才是我们应该做的,而不是墨守成规!

有些人可能会害怕,认为真的举手问了问题老师要是不高兴怎么办?我亲自尝试,发现老师非常欢迎你举手问问题,积极的回答问题。有时候老师在说话,当地学生就会展开讨论,老师叫停都不管用。这在我们眼里,可能觉得很无礼。可是当地人并不这么认为。换位思考问题也显得尤为重要。

如果在一个我以前的课堂里,可能就会是另一番景象了吧。

不要畏惧，从另一个方面来说还是自信心在起着主导的作用。

江老师上课讲到一个问题：什么最重要的能力是父母一定要教会你的？当时在课堂上，我的回答是自信与礼貌。江老师说答案是自信。其实当时我并未真正理解，自信真的那么重要么？

事实是我最好的老师，他向我证明一切。当然，他也向我证明了自信是多么的重要。

感谢江老师教会我的一切，它们让我受益终生！

学生：曹驰<br>
写于美国 SIMON'S ROCK<br>
2012 年 8 月 31 日

## 2、今天的我　以后的我

离开北京，离开父母了。出门前，母亲静静地坐在沙发上，她平时喜欢唠叨的。但是，此时的她却一言不发，表情严肃。我知道她内心的担忧与不舍在此时化成了沉默。我走出家门，她并没有送我，也许她是不想触目伤怀，就那样地让我走了。我便拖着巨大的行李箱去车库找父亲。

迷迷糊糊地下了飞机。出了关就看见两个美国女孩举着一张巨大海报，上面写着：Bard College @ Simon's Rock, Welcome Helen, Welcome Joy. 她们很热情地告诉我们：她们是 RD（Resident Director），也就是传说中的宿管。

刚开学前一两周，我一直在寻觅着尽量能够融进美国校园生活的方式。因为我发现我和美国同学没话可说。江老师便给我提建议，告诉我主动与人交流。后来，我发现我的一句：what's up? 就能让他们打开话匣子。平时的寒暄很能贴近人与人的距离，不用刻意去找话题。我刚开始很拘谨，现在已经开放了不少。目前已放冬季小长假，我的室友回德克萨斯州了，可我并不觉得孤单。这里和家里差不多，什么都有，学校在假期间也有车送我们到镇里去。

美国学生很随意。有一次我问一个和我一起上西班牙舞课的女生周末要不要去镇里一起吃日本料理，我跟她其实并不是很熟，但是她很爽快地答应了。不要总去等别人约你一起 hang out，不要因为自己是留学生就封闭自己。多认识些人，多交些朋友是一件很快乐的事儿。

上个周末我和两个不丹女孩、一个泰国女孩、一个越南男孩和一个美国女孩去镇里看了电影。电影是典型的美国爱情小片，语言

附录：学生来信摘编

并不难,我很欣喜地发现我大都能看懂了,这也许是我英语在这边将近一个月提高的最大收获吧。那些国际学生到这个学校来得都比我早,英语也比我强很多。我能从他们那里学到很多。尽管我们来自不同的地方,我们都是在美国的 international students,和他们在一起你会发现你并不是一个人。重要的是,敢说,敢交流,能放得开。

这周三我去了我的导师在纽约州的佛教寺庙。看着白人和尚穿着佛教的衣服,念着经,我不禁感受到了生活的多彩有趣。我参加了打坐,静静地与当地的美国人一起 meditation。这是在一周之中的很好的缓解压力的机会。我以后每周三都要去那里静静心。

学习上,你会发现这里有读不完的书,节奏很快。文科的话,要写的文章很多。但是我并没有感到惊讶。因为我好歹在国际部打下基础了,国际部教的写作和这边的要求又是一样的。由此你会发现国际部是一个很好的衔接点。我在这边的学习过程中是没有感受到太多的陌生感的,而且从国际部转到美国大学还是相对容易些的,因为这边的上课方式还是和国际部英文课程没有本质区别。只是这边的教授讲课不用翻书。我在这边很容易上课走神,所以学会记笔记是一件很重要的事情,你需要靠记笔记来集中你的注意力。

我在这边写的第一篇日本史的论文得了一个 A,我发现得 A 并不是传说中的那么难。有的老师要求并不是那么高。在这边有专门的 writing tutor,我的写作老师很 nice,说我的文章写得比一些带着优秀的 sat 分数的国际学生刚来的时候写得好。高高的 sat 分数确实不能完全代表一个人的能力。

学校很小,所以我在这边也得到了很多关照。校长 Leslie 还带我们四个仅有的中国女孩开车去吃中餐。别的大学就不会有这样的机会。在这边要多与教授交流,说一下自己正在学英语,教授们就会很通情达理地对你给予特殊的关照。我的日本艺术史老师就是这样的。我告诉她班上美国同学讨论很积极，我有时会插不上话，并且我有时因为语言问题不能表达出自己的观点。她便开始上课点我回答问题了。教授在这边都是非常热心的，对每一个学生都会尽可能地提供帮助。这也是小规模大学的优点。于是你会发现，在这种情况下英语会提高很快。

  在这里，我要比别人花更多时间去读书，比别人注入更多心血去完成论文。北京在地球的那边，家人再也不能照顾我，但是我不是一个人，有朋友在。出国不是享福，要读的书，要写的论文会磨练我，让我成长。与人交流是一种能力，如果我不去与人交流，那么提高就是缓慢的。今天我比别人付出多一点，明天我就会收获多一点。今天的我，以后的我，只要记住一句话：要么滚回家去，要么就在这边拼。美好的那一天一定会到来！

学生：袁慧芸<br>
写于美国 SIMON'S ROCK<br>
2012 年 2 月 29 日

附录：学生来信摘编

## 3、国际部学生想对老师说的那些话

江老师：

您好！

感谢您一年来对我的关心和帮助。我在这一年里，我真的自内而外改变了很多。还记得刚来国际部时我还总是附和他人，是您教会我有自己的见解和主张，要敢于表达自己。转眼间，一年时光很快就过去了，我虽然成绩仍然不是很好，但是，我现在很确定自己在干什么，我也知道自己的不足，我也有着明确的方向。同时，我也看到了自己的进步。不能不说，您是少数几个能改变我的老师之一。一年来，无论从行为方式，还是思考的深度，我都在变化着。

我真的希望可以一直和您保持联系，也希望您能早日回国完成改变中国教育的愿望。

学生：周群瑞

写于北京北大附中国际部

2012年7月26日

陈老师：

您好！

我真的很感谢您一年来对我无微不至的关爱和对我学习习惯的建议。

老实说，我刚开学的时候，完全没有自制力。整夜的游戏和在课间上网使我几乎荒废掉了第一学期的第一学段。是您找到我，与我的一次次深入的交谈将我从堕落的边缘拉了回来。我现在回想起来，仍然毛骨悚然，惊出一身冷汗。关于晚自习，就不能不提您了。记得原来晚自习我几乎整个两个半小时全与同学聊天，读书与写作业这些事早已抛在脑后。是您与我一次次沟通，给我反馈，鼓励我继续努力。我永远都不会忘记开学第一天看到您那友善的面孔。还记得我那标准而又地道的粤语发音就是您一个字一个字教会我的。

希望您在深圳能开心，愿我与您之间能保持联系。

学生：周群瑞

写于北京北大附中国际部

2012年7月22日

江老师：

您好！

非常感谢这两年来您对我们的教导，来国际部的这两年我收获了很多。最主要的一点就是我学到了一定要去做自己喜爱的事情，永远不要放弃自己的理想。

您就是最好的例子，还有那次参观以色列风险投资公司，都坚定了我以后想干艺术家方面有关工作的决心。这个暑假除了读很多书之外，我也准备开始练习画插画，不久的将来我想出自己的画集。如果没有认识您，如果没有来到国际部，我不会有机会重新燃起对艺术的热情，也不能像现在一样感受着为了某一目标奋斗的快乐。有一个梦想真的是十分开心的事。也

附录：学生来信摘编

希望您一定要坚持办教育，启蒙更多的人。离开国际部并不是失败，而是新的开始。

其次，来到国际部的这两年，我开始喜欢上读书，也敢于经常去尝试新鲜事物。就拍电影而言，在过程中我们遇到过很多困难，设备和技术上的欠缺，时间紧迫等等。但经过我们不断的询问摸索，难题就这样一个个被解决了。

在此非常感谢并衷心祝福您！

学生：何思彤

写于北京北大附中国际部

2012 年 7 月 19 日

## 4、我在国际部的成长经历

来到北大附中国际部是一个很偶然的机会。2010年暑假，中考结束从合肥来到北京，经熟人介绍，参加了北大附中国际部的新生选拔夏令营。

从没有听说过学校招生还要参加夏令营，而且还是五天。夏令营的上课模式很新颖。小班教学，外教授课。更新奇的是，这里很重视体育，每天上午我们要去学校对面的健身房上一小时的课，老师在后面做记录，在体育课上的表现会影响录取的几率。对我来说，体育并不难。我曾经在深圳高级中学练过几年竞技健美操，再加上我的体育天赋不错，在体育课上表现得十分出色。我记得，最后录取我的理由是："虽然我身材娇小，但是我在体育课上表现出了惊人的毅力。"现在回想起来，被北大附中国际部录取实在是走了狗屎运。

但进入国际部之后并不是一帆风顺。我的初中是在合肥完成的。合肥的学校很重视成绩，我在我们那所学校的重点班里成绩一直徘徊在中等。每天是上不完的课，做不完的作业，还有许多的硬性要求，例如发型要求统一，衣服不能穿太时尚等等。我算是班里的一个愤青，谴责着这种应试教育的不好，却又无法改变什么。进入国际部之后的第一年里，我沦陷在这里自由的环境里不能自拔。随时有网络，想用手机的时候不用躲躲藏藏，这是我以前做梦也不敢想的美好生活，竟然真的实现了。于是我每天睡得很晚，上课无法集中精神。期中考试我的成绩很糟糕。一天上午，导师找到我，跟我说："如果你继续用这样的态度学习，学期结束之后我们会让你离开国际部。"我一下就从天堂掉进了地狱，还没有反应过来，压力就让我不能有丝毫的松懈。之后的每天我都很惶恐，也确实认真地学习了很长一段时间。结果我得以留在国际部。其实我有想过转学，想要放弃，每天都充满着压迫感，但是我内心的倔强和残存的理智还是让我坚持了下来。这件事对我的影响很大，让我明白人必须要对自己所做的每一件事的后果；没有人会像家长一样不断的迁就和容忍自己，自己必须对自己负责。这是国际部教给我的第一个教训。

高二上学期我选了世界历史，老师 Jared 是个外国人。他的课难度很大，但同时也很有趣。有了高一的经历，从刚开学我就不敢怠慢，慢慢开始进入状态。期末考试，我拿了我高中生涯英语课的第一个 A。我很感谢他的教学方法和态度。他对每一个学生认真负责，让我觉得我得到了重视。我的信心渐渐增加，也越来越体会到好的学习习惯和学习方法有多么重要。经过一年的努力，我决定尝试申请美国的一所文理学院 Simon's Rock。可能很多人都疑惑为什么我不愿意走正常的申请过程转而申请一所并不著名的文理学院。在这一点上我十分认同江老师的观点，真正的教育并不仅仅是进入一所名牌大学，而是真正的学习知识，培养良好的价值观和正值的人格。在文理学院，学生少，学术氛围浓厚，并且可以受到教授的重视。这要比在普通的美国大学，跟教授交流的机会寥寥无几要好的多。我的努力得到了 Jared 老师和其他中文教师的认可，并给我写了推荐信。几天前我收到了 Simon's Rock 的录取通知书。这份录取通知书带给我无尽的喜悦，让我意识到我长大了，我的人生即将翻开新的一页。但是我却感到释然。因为只有努力过，付出过的人，才有可能得到回报。

自从国际部建立以来，一共组织了四次活动，分别是去美国、博茨瓦纳、以色列和阳朔。每次活动我都参与了，并且都受益匪浅。

这些地方都有截然不同的文化，跟来自不同地方的人交流，参观当地的景点，我们的价值观和世界观都在改变。特别是去博茨瓦纳做社会服务和去阳朔的葡萄镇，周寨小学支教的一个星期，我们都在帮助别人的过程中懂得了感恩，懂得了团队合作。

当然国际部也在管理方面存在问题。比如说对于中文课程的设置不够完善，导致我们大部分同学的高中理科的学习不是很好。这在普通的学校或许是一个比较严重的问题，但是国际部培养的是学生终身学习和独立思考的能力和良好的学习习惯。具备了这些潜质，在未来的学习路上都可以弥补。起初，江老师和家长的矛盾比较多，有些学生也认为自己不被重视。作为领先的教育理念的倡导者，江老师是成功的。但是作为老师，过多的跟喜欢的学生在一起，其他的学生则会产生不公平的想法，进而导致很多误解。但是在去阳朔的活动中，每天上午江老师为大家安排了不同的户外活动。包括攀岩、自行车、划竹筏等。然而因为天气原因和攀岩岩道的不足，有些学生没有机会体验攀岩。江老师和他的团队不断地跟当地的多家公司协商，不断地调整计划、增加岩道、延长时间，才得以让每个同学都能体验到户外攀岩的乐趣。老师在家长邮件中说道："我们请了更多的教练，开发了更多的路线，保证所有学生都有机会能享受攀岩。最后的结果很好，同学们都感觉到户外活动原来可以如此精彩、好玩。而正因为我们追求让每个学生都能更好地享受每一个活动的过程，使得我们打破了原定的计划，违反了当初签下的合同，造成了一定的经济损失。但是，当我们看到学生们满足的笑容，听到他们说享受这样的活动，也感受到了大自然的魅力的时候，我们觉得这一切都是值得的！我相信通过这一周的体验，会有同学开始热爱大自然，也会有同学在以后更愿意尝试各种户外活动！"江老师

附录：学生来信摘编

在这两年的改变非常大，最初江老师脾气很不好，也不愿意在很多同学面前表达自己的感情。但是近半年来，江老师更加愿意和家长和学生沟通，更愿意和学生交流，而他的观念也在影响着国际部的同学们。

在国际部生活学习的两年，我渐渐地明确了我以后的目标——涉足教育行业。中国经历了30年的改革开放之后，变成了现在的世界第二大经济强国。这是不可否定的成就。但是，成就的背后却是以牺牲巨大的资源和环境为代价。中国的劳动生产力很低，仅为美国的十二分之一、日本的十一分之一。中国人口红利，已经濒临消失。原因是什么？我觉得是因为中国教育太落后了。高考作为选拔人才的模式十分的僵化。正如中国所说的，创新形人才是根本。美国巴德学院的教授和乐队总指挥里昂先生在一篇文章中写道"教育的实质是要改变人们的餐桌上的谈话，课后的娱乐方式。他们虽然在课堂上很勤奋，但是娱乐方式非常粗俗。"我十分认同里昂教授的观点，因为同样的问题也存在于中国。我非常希望探索和尝试改变中国的教育模式。

通过我自己的转变，我深刻体会到被人们认为很枯燥的教育也可以做得非常丰富，鲜活而生动，不再是死板的题海战术和单一的衡量标准。江老师问我认为国际部的那些学生以后会成功，我开玩笑地说我觉得自己会成功。可实际上，我并没有充分思考过成功对我来说到底意味着什么，什么样的生活状态才算是成功；也并不了解成功的背后需要付出什么代价。但是我认为在国际部两年里学习到的知识、态度和观念以及建立的价值观会使我受益终生。在国际部有很多同学都有自己的优点和特长，他们以后会在不同的领域取得非凡的成就。在这里，我想引用我妈妈的一句话："做真实的自己,做内心和谐的人,是人生的必要条件;成功是人生的充分条件。"要选择什么样的人生我还没有做好充分的考虑。无论如何,世界的大门已在我面前打开,我将在人生的旅途中寻找答案。

何润昕

写于北大附中国际部

2012 年 6 月 25 日

附录:学生来信摘编

## 5、我同时接到四所著名大学录取通知

尊敬的江老师：

大学申请的结果都出来了，我同时被西北大学、康奈尔大学、加利福尼亚大学以及佐治亚理工学院录取！现在，我正在西北大学与康奈尔大学间作考虑、选择，而我个人则更喜欢西北大学。

当我接到这些学校的录取通知的那一刻，我感受到无法言喻的兴奋，尤其是能获得西北大学的录取！要知道，它是我梦寐以求的学校之一。现在，我给您写这封信，是因为我想对您表示最真挚的感谢，您是让我的梦想成为现实的重要因素之一！这些年过去，当我回忆起自己的高中生活，也许有很多的人或事，在我的脑海里都已经很难被想起，甚至已被我忘记。但我却从来没有忘记过您！我很遗憾，因为当您还在深中，还在我们身边的时候，我从未告诉过您。您以及您所创办的出国体系对我而言是多么的意义重大！

当时，您给我们的阅读材料非常难，每天的晨跑让我们筋疲力尽，周围处处充斥着他人的批评和不理解，那时候的出国体系一直动荡不安。但是，我庆幸自己一直能处于您为我们创造的一个充满爱与支持的环境中，那里有着与我们怀有共同信念的老师和同学们，使我摆脱了来自外界的压力和消极影响。这一切，反而让我们的体系变得更加团结、温暖以及充满活力，而它更是让我很快地将出国体系当成我的第二个家。那时候的我，感受到了从未有过的激励与鼓舞。很显然，要满足您极高的期望与要求是一个极大的挑战，但我仍欣然接受。因为我深信这是一个改变自我的好机会，从那时候起，我也开始思考自己是否可以为我们的体系做出贡献。感谢您给予我的所有！当时的我很害羞（也许现在并没有好很多，哈哈），不善言辞。对我而言，用言语为我们这个新生的体系表示个人赞赏似乎不是我的风格，我更愿意凭借自己努力的学习以此提高自我来证明我对这个体系的认可与尊重！所以我非常努力地学习，可以说当时是我出生至今最努力的时期。很多时候，我甚至需要学习到凌晨两点，让自己的论文与作业不断获得提高。但即使再辛苦，那时候的我却能感到真正的快乐！因为我知道，我正朝着一个更好的自己前行！我学会了用自己的方式去搜集学习的资料，不再在空闲时浪费时间玩电脑游戏，也参加了很多曾经我让避而远之的活动，并开始合理安排自己的生活。简单地说，那时候的我开始变得独立，开始获得自信，这为我后续的进步打造了一个坚实的基础。我想说，在出国体系与大家一起的那段经历，将会永远成为我整个高中生涯里最精彩的一段回忆。

江老师，我很抱歉！因为要达到您对我的要求，我仍有一段距离！这您可以从我的写作中轻松地发现，因为它甚至连我自己都无法说服！但是，我坚信，您教会我不断提高自我的这份意志力在我心中是永远不会被磨灭的。非常感谢您，江老师！我希望您在北京能一切顺利！

对了，今年的申请结果比去年好很多很多。如果您对我们在校园里发生的有趣的事情感兴趣的话，请随时给我发邮件！

祝好

深圳中学学生　郑博恒<br>2012 年 4 月 20 日　写于美国西北大学

附录：学生来信摘编

**著名教育家郭传杰、冯恩洪、毕诚 倾情推荐**

# 《超脱考试做领袖》挑战应试教育

◎ 这是一份独创异帜的励志心灵鸡汤

◎ 这是一本家长送给孩子的生日礼物

◎ 这是一本被校长列为"学做领袖"校本课程的教材

---

为何学习,如何学习,是亘古话题,于今尤甚。《超脱考试做领神》一书助人优化心态,建树自信;教人识道用器,学会学习。在励志成才的图书丛林中,少有相似,独创一帜。

我们与作者相知多年,深知本书不仅是其用心写出来的文字,更是走出来的印迹。

著名教育家、中国科学院原党组副书记、研究员、博导
中国科技大学原党委书记　　郭传杰

北京101中学高级教师　　周寿康

---

《超脱考试做领袖》是一本鼓励青少年励志的好书,一份青少年成长的心灵鸡汤。本书从"道"的高度,引导青少年有追求、有目标、有梦想,比纯粹从"器"的角度提高数理化成绩更有价值!

建议校长们将本书列为"学做领袖"校本课程的教材,建议家长们将本书选为生日礼物送给孩子。

著名教育家、中国关工委青少年教育研究院执行院长
中国关工委全国教育专家指导中心副主任、原上海建平中学校长　　冯恩洪

《超脱考试做领袖》一书从"道"与"器"的辨证关系出发,引导学生以领袖心态,高屋建瓴地学习,超越技巧,超脱正统,直趋成功,为教育改革开拓了一条新思路!

著名教育家、中央教科所研究员、北京大学博导 毕诚

中央编译出版社出版的《超脱考试做领袖》是一本非常适合大中学生、教师、家长和有志青年阅读参考的"教人识道用器,学会学习,少有相似,独创一帜"之作品。

## 本书四大特点

**一是资料权威,可信度高。**所引用的案例、典故及领袖人物历史事迹,均有证可考,有据可查。

**二是内容翔实,涉及面广。**本书从孔子经典名言"形而上者谓之道,形而下者谓之器"中"道"与"器"的辨证关系出发,把学生阶段的成功与成人阶段的成功,从哲学高度联系起来,并继而从生物学、遗传学、心理学、教育学的原理出发,进行了系统性、逻辑性和有针对性的阐述。

**三是贴近学生生活,贴近教育现实,可操作性强。**本书立意是为了引导青年学生如何成大器、立大功,如何既宏观立志改运,又微观掌控各阶段人生,如何一辈子直线成功,不走弯路,内容都是针对广大青年学子现时的精神困惑和未来的人生难题,指出既具理论高度又具可操作性的方法。

**四是注重可读性。**书中内容采用论述和事例结合形式,摆脱单纯论述性文字的枯燥和呆板。文字清新流畅,许多章节如画如诗,如哲理美文。

本书作者陈济安毕业于清华大学,曾申请发明专利42项,起草国际标准2项。热衷思考生与死、灵与肉、宇宙与人生;认为生命乃能量波动,生命主体可代际进化;倡导教育应顺应天性,重在布道。

定价:30元
书号:978-7-5117-1243-1
当当网、京东网、卓越网及各地新华书店有售

# 分享人生感悟　　传播幸福哲学

中央编辑出版社出版发行的"读者文摘"系列丛书是一套非常适合学生阅读的畅销书。本丛书选编的精彩动人、发人深省的隽永故事，内容涉及心态、宽容、尊重、亲情、爱情、友谊、善良、感恩、幸福、做人、做事、学习、挫折、成功等重大人生课题。通过阅读本书，不仅可以开阔视野、陶冶性情，而且可以获得宝贵的知识经验，会对人的一生产生决定性的影响。毫无疑问，它会成为你的终生益友，将持续不断地为你的生活提供深刻的经验和智慧。

把灵魂的耳朵叫醒

别辜负生活的美意

等一朵花盛开

踮起脚尖寻幸福

给生活一张漂亮的脸

给心灵通通风

会传染的快乐

留个人给自己仰望

马不停蹄的青春

每个人都是花色的

每一朵花都会微笑

青春在疼痛中成长

倾城花开

生活永远值得期待

时光的色泽

世界的何处有你

趟过没有水的河

桃花痴痴笑

为爱种一片森林

乡村物语

一个词的温暖拯救

优雅地生活

在希望中前行

做一条拒绝沉没的船

# 学生阅读系列丛书
## 征文启事

阅读可以使学生增长见识，可以提高学生的写作水平；阅读可以陶冶学生的性情，使学生变得温文尔雅和富有修养；阅读可以给学生带来无限遐想和乐趣，给学生带来智慧的源泉和精神的力量；阅读可以不断磨炼学生的意志，让学生的心灵逐渐充实、成熟。

正因为阅读能给我们带来如此多的好处，因此，中央编译出版社举办本次"学生阅读"丛书征文活动，让我们从"学生阅读"读起，在同学们朴实无华、意蕴丰富的文字中感受阅读的魅力。

一、征文对象及内容

征文对象为全国中小学生。可以个人投稿，也可以学校、班组或文学社团为单位组织供稿。作品的体裁、内容不作任何限制，篇幅限 500~1500 字之间。优秀来稿将分别入选面向全国发行的初中版、高中版相关学生阅读系列丛书（首批全 12 册，2014 年暑假期出版发行）。

二、征文要求

1. 文笔流畅，有真情实感，活泼新颖。
2. 投稿作品必须是本人原创，不得抄袭、套改。如涉及法律问题，由作者本人负责。

三、投稿时间

2014 年 4 月 30 日起至 2015 年 10 月 30 日止。

四、投稿须知

1. 投稿限发电子稿。每人可投 3—5 篇。优秀作品可根据题材分别入选多本图书。
2. 来稿在文末附上以下内容：文章标题、作者笔名、真实姓名、邮寄地址、电子信箱、电话、QQ。
3. 来稿在 60 天内未收到采用通知的作者，可将稿件自行处理。两个月内请勿一稿多投！
4. 来稿入选丛书的所有作者，均由中央编译出版社向作者寄样书。重点稿件另付稿酬。
5. 所有来稿均视为作者已同意本作品选编入中央编译出版社相关图书。不同意此项约定的作者请勿来稿。

投稿信箱：cctp8299288@163.com　征文作者交流 QQ 群 63601654